요리하기 좋은 날,

오늘의 요리

홍서우 지음

비타북스

PROLOGUE

　지금까지 서울, 전주, 광주, 무안, 호주 등 부모님의 일 또는 학업 등의 이유로 이곳저곳을 옮겨 다니며 생활했어요. 그 덕분에 자연스레 다양한 요리를 접하는 행운을 얻게 되었습니다. 할머니의 손맛이 좋았던 시골집에서 어린 시절을 보내며 어깨너머로 할머니의 요리를 배우고는 했어요. 할머니께서는 초등학교 2학년의 어린아이가 작은 고사리 손으로 떡볶이, 미역국 등을 만드는 모습을 보며 깜짝 놀랐었다고 말씀하시고는 합니다.

　호주에서 유학생활을 할 때도 대부분의 끼니는 집에서 만들어 먹었어요. 현지에서 맛보기 힘들었던 갈비찜, 순대국밥, 족발 등의 한식 요리를 한 번에 20인분 정도 만들어 각국의 유학생들을 초대해 함께 즐기기도 했지요. 그들이 맛있게 먹으며 행복하게 미소 짓는 모습은 힘든 유학생활을 견뎌내는 힘이 되었어요. 제 요리를 먹어본 친구들은 우스갯소리로 전공을 요리로 바꿔보라는 이야기를 하기도 했습니다.

　호주에 있으면서 가장 좋았던 것은 다양한 나라의 사람들이 모여 사는 만큼 다양한 요리를 맛볼 수 있다는 점이었어요. 그때의 영향으로 동서양 요리를 모두 만들며 나만의 스타일로 레시피를 재탄생시킬 수 있게 되었어요. 이왕이면 맛있는 요리를 눈으로도 즐기자는 생각에 예쁘게 플레이팅 하고 멋있게 사진 찍는 법을 연구하기 시작했죠. 이렇게 찍은 사진과 레시피는 카카오스토리〈오늘의 요리〉와 인스타그램을 운영하며 많은 사람들과 공유하게 되었어요. 운 좋게 많은 분들이 사랑해주셔서 이렇게 책으로 출간하게 되었습니다.

　요리는 만드는 사람과 먹는 사람 모두의 기분을 바꾼다고 하지요. 그래서 바쁜 날, 컨디션이 안 좋을 때, 홈파티가 있는 날, 여유를 즐기고 싶을 때 등 그날의 기분과 상황에 맞는 요리를 만들 수 있도록 레시피를 구성했어요. 평범한 '오늘' 같지만, 요리를 만들며 그 평범한 '오늘'을 색다르게 느껴보세요. 레시피는 최대한 쉽고 간결하지만 누가 만들어도 맛있는 요리가 될 수 있도록 했어요.

　음식에는 마음이 담겨 있기 때문에 요리가 특별하다고 생각해요. 따뜻한 굴국밥 한 그릇이 누군가에게는 엄마의 온기가 느껴지는 추억의 요리가, 또 어떤 이에게는 힘이 나는 힐링 푸드가 될 수도 있어요. 이처럼 단순한 밥 한 그릇이라도 소중한 시간들이 차곡차곡 쌓여 있어요. 저에게 소중한 기억들이 담겨 있는 레시피들인 만큼 이 책을 보고 요리를 만드는 분들의 식사 시간이 더욱 행복해지고 풍성해지길 진심으로 바랍니다.

요리하는 즐거움을 담아
홍서우

CONTENTS

PROLOGUE

Guide 요리가 즐거워지는
기본 가이드

10 맛을 책임지는 기본 양념
14 색다른 맛을 더해주는 양념
18 요리를 풍성하게 해주는 식재료
22 요리가 간편해지는 조리 도구
24 정확한 레시피를 위한 계량법
25 요리의 기본, 재료 썰기

Recipe 평범한 하루, 일상을 따뜻하게 해주는
1 오늘의 요리

28 **INTRO** 재료의 맛을 살려주는 육수 만들기
30 모둠버섯밥
32 해물솥밥
34 참치마요주먹밥
36 소고기무밥
40 고구마밥
42 소고기가지밥
44 시래기밥
46 차돌박이된장찌개
48 애호박두부새우젓국
50 버섯들깨매운탕
52 소고기버섯국
54 꽃게탕
58 바지락수제비
60 오징어콩나물국
62 순두부굴전골
64 육개장
66 수육전골
68 차돌박이부추샐러드
70 뚝배기불고기
72 묵은지김치찜

Recipe
2
바쁜 날, 언제든지 곁들일 수 있는
반찬 요리

76 **INTRO** 재료 싱싱하게 보관하기
78 꽈리고추감자조림
80 돼지고기생강구이
82 소고기가지구이냉채
84 두부조림
86 상추겉절이
88 해물쌈장
92 오삼불고기
94 소고기약고추장
96 두부오이냉채
98 크랜베리아몬드멸치볶음
100 버섯전
102 소고기장조림
104 촉촉한 오징어채볶음
106 새우부추전
108 건새우볶음
112 고등어조림
114 치킨가라아게
116 고구마닭간장조림
118 연근조림

Recipe
3
색다른 음식이 먹고 싶을 때, 든든한
원플레이트 요리

122 **INTRO** 매일 먹는 집밥도 멋스럽게, 집밥 플레이팅
124 파인애플볶음밥
128 크림달래리소토
130 해산물토마토리소토
132 시금치페스토파스타
134 토마토소스미트볼
138 연어오차즈케
140 오코노미야키
142 샐러드우동
144 팟타이
146 카오팟 무
148 해산물파에야
152 야키소바
154 오야코동
156 콩나물비빔국수
158 살얼음 동동 냉메밀국수

Recipe
4
위로가 필요할 때, 내 몸을 가볍게 해주는
힐링 요리

162 **INTRO** 건강한 샐러드와 어울리는 드레싱
164 새우푸실리샐러드
166 아보카도토마토토스트
168 코울슬로
170 멕시칸샐러드
174 맥앤치즈
176 그린샐러드
178 불고기파스타샐러드
180 그릭샐러드
184 굴라시
186 클램차우더
188 게살수프
190 홍합스튜

Recipe
5
여유를 즐기고 싶은 날,
홈카페 브런치 요리

196 **INTRO** 브런치와 함께 즐기는 음료
196 스페니시오믈렛
200 토마토브루스케타
202 오징어샐러드
204 방울토마토마리네이드
206 호두아몬드프렌치토스트
208 에그베네딕트와 홀랜다이즈소스
210 새우타코
212 김치브리또
214 알감자버터구이
216 시금치버섯오믈렛
220 크랜베리참치샌드위치

Recipe 6 특별한 날, 감동을 주는
파티 요리

224 **INTRO** 분위기와 맛을 더욱 풍부하게 해주는 와인

226 갈비찜
228 코코뱅
230 감바스알아히요
234 클래식 이탈리아파스타샐러드
236 수제 비프버거
238 미트로프
240 레몬소스닭고기튀김
242 동파육
244 연어스테이크
246 밀푀유나베
250 아스파라거스베이컨말이
252 로스트치킨
254 갈릭새우버터구이

Recipe 7 사계절 식탁 곁을 지켜주는
홈메이드 저장식

258 **INTRO** 맛있게 저장하고 예쁘게 보관하기

260 무화과콩포트
262 블루베리콩포트
264 파인애플잼
266 토마토잼
268 오렌지마멀레이드
272 라임청
274 자몽청
276 무양파장아찌
278 꽈리고추장아찌
282 방울양배추피클
284 유자연근피클
286 깻잎페스토
288 바질페스토

INDEX

Guide

요 리 가
즐 거 워 지 는
기본 가이드

처음 내 주방이 생겼을 때가 생각이 나요. 새로운 조리 기구와 양념 재료들을 정리할 때의 설렘은 아직도 잊을 수가 없습니다. 신선한 재료를 사용해 손수 구입한 도구로 요리를 만들어 예쁘게 플레이팅을 하면 만든 사람도, 먹는 사람도 모두 행복해져요. 요즘에는 세련된 그릇, 새로 나온 식재료를 하나씩 사용해보며 일상의 소소한 즐거움을 느끼기도 합니다.

맛을 책임지는 기본 양념

1 참기름 | 참깨에서 추출하여 고소한 향이 나요. 무침이나 비빔 요리에 많이 사용합니다.

2 소금 | 짠맛을 주는 조미료로 기본 간을 맞추는 데 사용해요.

3 들기름 | 들깨에서 추출한 들기름은 산화되기 쉽기 때문에 냉장 보관하세요. 나물 요리에 많이 사용해요.

4 진간장 | 5년 이상 묵힌 간장을 진간장이라고 부르는데 색이 진하고, 짠맛은 덜하며 단맛과 깊은 맛이 나요. 조림, 절임, 무침 등의 요리에 사용합니다.

5 설탕 | 단맛을 더해주는 양념이에요. 요즘에는 건강이나 다이어트를 위해 사용을 줄이고 있어요.

6 식초 | 신맛을 낼 때 사용해요. 재료에 따라 사과 식초, 레몬 식초, 현미 식초 등이 있어요.

7 후춧가루 | 간을 맞추거나 누린내를 잡는 역할을 해요.

8 국간장 | 1~2년 정도 묵혀 염도가 높고 짠맛이 강해요. 국, 찌개, 나물 등의 요리에 사용합니다.

① Sesame Oil
② SALT
③ Perilla Oil
④ Soy Sauce
⑤ SUGAR
⑥ Vinegar
⑦ Black Pepper
⑧ Soy Sauce

같은 재료, 같은 방법으로 요리를 해도
어떤 양념을 사용하느냐에 따라
그 맛은 아주 달라져요.
요리의 맛을 책임지는 기본 양념을 잘 익혀두고
그때그때 맞춰 잘 활용해요.

1 통깨 | 우리나라 대표 향신료인 통깨는 고소한 맛이 일품이에요. 불포화지방산이 많아 피부 미용에 좋아요. 볶아서 통으로 사용하거나 갈아서 가루로 사용해요.

2 된장 | 메주로 장을 담가 만든 양념으로 찌개나 국을 만들 때 넣어요. 무침이나 구이 요리의 간을 맞출 때 사용하기도 해요.

3 매실청 | 매실과 설탕을 숙성시켜 만든 양념으로 소화에 좋아요. 육류 요리에 사용해 잡내를 잡거나 요리의 단맛을 낼 때 사용해요. 물에 타서 음료로 마셔도 좋아요.

4 올리브오일 | 올리브 열매에서 추출한 식용유로 불포화지방산이 풍부합니다. 샐러드, 튀김, 볶음 등 여러 요리에 많이 사용됩니다.

5 까나리액젓 | 까나리를 발효시킨 후 액젓만 내려 만들어요. 김치, 찌개, 국, 나물 요리에 주로 사용해요.

6 고추장 | 매운맛, 단맛, 짠맛이 잘 어우러진 우리나라 대표 양념이에요. 찌개나 국에 넣거나 조림, 구이 등의 양념으로 사용해요.

7 올리고당 | 식이섬유가 풍부한 올리고당은 설탕 대용으로 사용하기 좋아요. 설탕에 비해 칼로리가 낮으며 체내 지방산 흡수를 방해하여 콜레스테롤 수치를 낮춰줍니다.

8 고춧가루 | 매운맛과 칼칼한 맛을 느낄 수 있는 양념이에요. 각종 요리에 색을 내기 위해서도 사용해요.

색다른 맛을 더해주는 양념

---

1 맛술 | 요리용 술인 맛술은 식재료의 잡내를 잡아줘요. 육류의 경우 육질을 더욱 연하게 만들어주는 역할을 해요.

2 굴소스 | 굴을 발효시켜 만든 중국식 소스로 색이 짙고 짠맛이 특징입니다. 풍미가 좋아 굴소스 하나만으로도 맛을 낼 수 있어요. 볶음과 조림 요리에 사용해요.

3 레몬즙 | 산미가 강하며 상큼한 레몬 향을 그대로 느낄 수 있어요. 잼, 음료, 샐러드 등에 많이 사용합니다. 고기의 잡내를 잡을 때도 사용해요.

4 머스터드소스 | 겨자로 만들어 톡 쏘는 매운맛이 특징입니다. 샌드위치를 만들 때 많이 사용해요. 허니머스터드소스는 달콤함이 강해 닭고기 요리나 소시지와 함께 먹기 좋습니다.

5 허브솔트 | 여러 향이 나는 허브가 첨가된 허브솔트는 해산물, 육류, 튀김 요리에 곁들여 먹거나 양념할 때 많이 사용합니다.

6 통후추 | 후추는 가루로 된 것을 사용하기보다 필요할 때마다 통후추를 갈아서 사용해야 향이 더욱 좋아요.

7 쯔유 | 가쓰오부시로 맛을 낸 일본식 맛간장으로 다른 간장에 비해 단맛이 강해요. 우동, 전골, 조림 등 일본 요리에 사용합니다.

8 발사믹식초 | 포도즙을 숙성시켜 만든 포도주 식초로 색이 검고 맛은 새콤합니다. 주로 샐러드드레싱으로 많이 사용해요.

반드시 필요한 양념은 아니지만, 요리의 풍미를 더하는 양념들이에요. 대부분 해외 양념들이기 때문에 외국 요리를 만들 때 주로 사용해요. 요즘에는 대형 마트에서 쉽게 구할 수 있습니다.

1 시나몬파우더 │ 계핏가루인 시나몬파우더는 독특한 향을 느낄 수 있어요. 빵을 이용한 요리를 할 때 주로 사용해요.

2 자일로스 설탕 │ 일반 설탕보다 입자가 고와 액체에 빨리 녹고 잘 스며들어요. 그렇기 때문에 체내에서 빨리 분해되고 일반 설탕보다 당이 덜 흡수되어 건강한 설탕으로 알려져 있어요.

3 치킨스톡 │ 닭 육수를 낼 때 사용하며 큐브 모양으로 되어 있어요. 한 조각씩 떼어 끓는 물에 넣으면 닭 육수가 돼요. 치킨스톡이 없다면 닭 육수(29페이지)를 만들어 대신할 수 있습니다.

4 비프스톡 │ 소고기 육수를 낼 때 사용하며 큐브 모양으로 되어 있어요. 끓는 물에 넣으면 간편하게 소고기 육수를 만들 수 있어요. 비프스톡이 없다면 양지머리사태 육수(28페이지)를 만들어 대신할 수 있습니다.

5 피클링스파이스 │ 올스파이스, 월계수 잎, 계피, 생강 등 각종 재료를 혼합하여 만든 피클을 담글 때 쓰는 향신료예요.

6 파슬리 가루 │ 서양 요리에 많이 사용하는 향신료로 음식의 풍미를 살려줘요. 요리 마무리 단계에서 많이 사용해요.

7 칠리소스 │ 단맛과 매운맛을 동시에 느낄 수 있는 소스로 동남아 요리에 주로 사용해요.

대형 마트에 가면 예전에는
구할 수 없었던 다양한 재료들을 볼 수 있어요.
새로운 식재료를 만나면 구입해서 재료로 사용해보세요.
색다른 요리가 탄생될 거예요.

요리를 풍성하게 해주는 식재료

1 바질 | 이탈리아 요리에 많이 등장하는 식재료로 파스타, 피자 등을 만들 때 사용해요. 바질의 향은 두통, 신경과민, 불면증 해소에 도움을 줍니다.

2 애플민트 | 주로 음료나 차에 쓰이는 허브로 두통, 진통, 감기, 위장병 등에 효능이 있어요. 차로 마시면 피로 해소 효과가 있어요.

3 로즈마리 | 향이 좋은 로즈마리는 항산화 성분이 풍부해 뇌를 자극시켜요. 지방을 분해하는 성분이 있어 다이어트에도 도움을 줍니다.

4 아몬드 | 가장 대표적인 견과류로 불포화지방산과 비타민 E가 풍부하여 피부 미용에 좋아요. 철분과 칼슘도 많이 함유하고 있어 건강에 아주 좋습니다.

5 피스타치오 | 콜레스테롤을 낮추고 심혈관 기능을 건강하게 유지해줘요. 불포화지방산이 들어 있어 암 예방 효과도 있어요.

6 파르메산 치즈 | 이탈리아 치즈로 피자나 파스타, 샐러드에 뿌리면 고소한 맛을 느낄 수 있어요. 고형으로 된 파르메산 치즈는 필러나 그레이터로 깎아서 사용하고 그렇지 않으면 가루로 된 것을 구매하면 편리합니다.

7 블루베리 | 세계적으로 유명한 건강 식재료예요. 특히 눈 건강에 아주 좋아요. 그대로 먹어도 좋지만 플레인 요구르트에 올리거나 잼으로 만들면 더욱 맛있게 즐길 수 있어요.

8 크랜베리 | 미국의 추수감사절에 항상 등장하는 과일로 상큼한 맛이 일품이에요. 주스나 잼으로 만들어 먹어요. 건크랜베리는 볶음 요리 또는 베이킹 재료로 사용하기도 해요.

1 블랙올리브 │폴리페놀과 비타민 E가 풍부해 체내 노폐물과 독소 배출에 도움을 줘요. 또한 블랙올리브에 있는 불포화지방산은 위액 분비를 고르게 해주어 위장 질환 완화에도 효과가 있어요.

2 페페론치노 │이탈리아 고추로 크기는 아주 작지만 매운맛이 강합니다. 말린 것을 사용하며 파스타 요리에서 매콤한 맛을 낼 때 넣어요.

3 레몬 │비타민 C가 풍부해 감기 예방에 좋고 몸에 쌓인 노폐물 제거를 도와 피로 회복에도 좋아요. 생선, 육류, 홍차 등과 함께 섭취하면 좋아요.

4 브로콜리 │피부 미용에 아주 좋아요. 또한 칼슘, 미네랄 등이 풍부해 각종 암 예방에도 효과가 있습니다. 아몬드, 오렌지, 양파와 함께 먹으면 브로콜리의 효능을 더욱 높일 수 있어요.

5 아보카도 │원산지가 멕시코인 과일로 비타민과 미네랄이 많이 함유되어 있어요. 퓨전 요리를 만들 때 주로 사용해요.

6 무화과 │8~11월이 제철인 무화과는 모양과 색이 예쁜 과일이에요. 생으로 먹어도 좋고 잼으로 만들어도 좋아요. 단백질 분해 효소가 많이 들어 있어 고기를 먹은 후 디저트로 섭취하면 소화에 도움을 줘요. 건무화과는 오래 보관할 수 있어요.

7 월계수 잎 │특유의 향긋한 향은 식욕을 자극해요. 고기의 누린내를 제거하거나 소스, 피클 등을 만들 때 사용해요. 방부제 효과가 있어 곡물을 저장할 때 함께 넣어두면 벌레가 생기는 것을 막을 수 있어요.

조리 도구를 잘 갖추면 요리가 한결 수월해져요. 썰기에 자신이 없다면 각종 썰기 도구, 정확한 맛을 내고 싶으면 계량 도구 등 요리에서 부족한 부분을 도구로 보완할 수 있어요.

요리가 간편해지는 조리 도구

1 계량컵 │ 재료의 양을 재는 데 사용해요. 평평한 곳에서 재고 눈금을 수평에서 읽어야 정확히 계량할 수 있어요.

2 계량스푼 │ 재료나 소스의 양을 정확하게 잴 수 있어요. 1/8큰술부터 1큰술까지 다양한 크기가 있습니다.

3 저울 │ 식재료의 무게를 재는 저울은 아날로그와 전자저울, 두 가지가 있습니다.

4 필러 │ 감자, 고구마, 오이 등 채소의 껍질을 벗길 때 사용합니다.

5 거품기 │ 달걀을 풀거나 생크림을 만들 때 또는 반죽을 섞을 때 사용합니다.

6 체 │ 밀가루 또는 반죽을 곱게 내릴 때, 육수를 내고 건더기를 건질 때 주로 사용합니다.

7 그레이터 │ 치즈나 채소 등을 곱게 갈 때 사용합니다.

8 미니 절구 │ 견과류, 씨앗, 마늘 등의 식재료를 그때그때 빻아서 쓸 때 편리합니다.

1 나무 도마 ㅣ 칼집에 균이 스며들어도 번식하지 않기 때문에 플라스틱 도마보다 위생적이에요. 사용 후 반드시 바로 씻어서 말려야 하며 육류용과 채소용 도마를 구분해서 써야 세균 오염을 방지할 수 있어요.

2 칼 ㅣ 육류용, 생선용, 채소용, 과일용 등으로 나누어 용도에 맞게 사용하는 게 위생적입니다. 일주일에 한 번 정도 열탕 소독을 하는 게 좋으며 깨끗이 닦은 후 말려서 보관해야 세균 번식을 막을 수 있어요.

3 무쇠냄비 ㅣ 열전도율이 높은 무쇠냄비는 고온을 가하면 유리 에나멜이 손상될 수 있기 때문에 요리할 때 중불로 하는 게 좋아요. 무겁지만 영양소 파괴가 적고 음식의 깊은 맛을 살려줘 많이 쓰입니다.

4 스테인리스 팬 ㅣ 빠르게 조리할 수 있어 영양소 손실을 줄여줘요. 반영구적으로 사용할 수 있고 유해물질도 적어 안심하고 사용할 수 있어요. 스테인리스 팬으로 조리할 때는 반드시 10분 정도 예열을 해야 하며 예열 후 식용유를 둘러요.

5 스테인리스 볼 ㅣ 식재료를 보관하거나 샐러드, 무침 등의 요리를 할 때 주로 사용합니다.

6 법랑 트레이 ㅣ 직화 및 오븐 조리가 가능해요. 디자인이 세련되어 완성된 음식을 담아내면 아주 멋스러워요.

7 유리 밀폐용기 ㅣ 잼, 장아찌, 과일청 등을 보관할 때 사용합니다. 착색이 적어 위생적입니다.

정확한 레시피를 위한 계량법

계량스푼과 계량컵, 저울 등을 이용하면 정확하게 요리를 할 수 있지만 간편하게 숟가락과 종이컵을 활용해도 됩니다. 집에 저울이 없다면 손을 사용해 계량을 해보세요. 이 책에서는 숟가락과 컵으로 계량했으며 정확한 양이 필요한 경우 g 또는 ml로 표기했어요. 양념이나 재료 등은 입맛에 따라 조금씩 양을 달리해도 좋습니다.

숟가락으로 계량하기

가루 : 소복하게 담아요.   액체 : 찰랑거리게 담아요.   장 : 소복하게 담아요.

1큰술(15ml) : 밥숟가락으로 자연스럽게 떠 담아요. 1/2큰술은 1큰술의 반만 담아요.

종이컵 계량하기   손으로 계량하기

1컵(200ml) : 종이컵 가득 담아요.   1줌 : 한 손으로 자연스럽게 쥐어요.

요리의 기본, 재료 썰기

재료를 예쁘게 썰면 요리의 완성도가 높아져요. 눈으로 보기에도 좋지만 양념이 골고루 잘 스며들어 더욱 맛있는 요리가 완성돼요.

어슷썰기

한쪽으로 비스듬히 각도를 조절해 썰어요. 대파, 오이 등 세로로 긴 재료를 썰 때 주로 사용해요.

편 썰기

일정한 간격을 두고 얇게 저미듯 썰어요.

반달썰기

세로로 길게 썬 뒤 가로로 얇게 썰면 반달 모양이 돼요. 애호박, 당근, 감자 등을 썰 때 주로 사용해요.

채 썰기

편 썰기 또는 어슷썰기 한 재료들을 층층이 겹쳐 일정한 간격으로 얇게 썰어요.

깍둑썰기

정사각형으로 써는 방법으로 깍두기, 카레, 볶음밥을 만들 때 주로 사용해요.

송송 썰기

고추, 실파 등을 일정한 간격으로 써는 방법이에요.

다지기

아주 작은 크기로 여러 번 깍둑썰기 하거나 채 썬 뒤 한데 모아 촘촘히 썰어요.

십자모양 내기

표고버섯 갓에 십자모양으로 칼집을 내요.

Recipe

1

평범한 하루,
일상을
따뜻하게 해주는

오늘의 요리

"먹는 것이 내 몸을 만든다"라는 말이 있어요. 그만큼 무엇을 먹느냐는 아주 중요합니다. 맛있는 요리를 먹고 하루 종일 기분이 좋았던 경험은 누구에게나 있어요. 요리는 건강뿐 아니라 그날의 기분까지 달라지게 하는 마법을 부리기도 합니다. 매일 차리는 식탁이지만 정성을 다해 요리를 만들어보세요. 만드는 사람도, 먹는 사람도 따뜻한 일상을 선물 받을 수 있을 거예요.

> INTRO

재료의 맛을 살려주는 육수 만들기

멸치다시마 육수

된장찌개, 고추장찌개, 소고기뭇국 등 가장 기본적인 국물 요리에 많이 사용하는 육수예요. 국물용 멸치와 다시마만 있으면 깊은 맛의 멸치다시마 육수를 만들 수 있어요.

재료 Ingredients

멸치(국물용) 10마리, 다시마(5×5cm) 1장, 물 1.2L

만드는 방법 How to make

1 깔끔한 맛을 위해 멸치의 내장을 제거해요.
2 달군 냄비에 멸치를 넣고 중불에서 살짝 볶아요.
3 2의 냄비에 다시마와 물을 넣고 중불에서 끓여요.
4 육수가 끓어오르기 시작하면 15분 정도 더 끓여 완성해요.

양지머리사태 육수

깊고 진한 맛이 좋은 양지머리사태 육수는 육개장, 떡국, 전골 등에 사용하면 제격이에요. 양지머리와 사태는 육수를 낸 후 잘게 찢어 다른 요리의 고명으로 올리거나 수육 또는 장조림으로 만들면 좋아요.

재료 Ingredients

소고기 양지머리 300g, 소고기 사태 300g, 대파 2대, 마늘 5쪽, 물 1.2L, 청주 4큰술, 통후추 1/2큰술

만드는 방법 How to make

1 양지머리와 사태는 찬물에 1시간 정도 담가 핏물을 제거해요.
2 냄비에 양지머리, 사태, 대파, 마늘, 통후추, 청주, 물을 넣고 강불에서 끓이다 육수가 끓어오르면 중약불로 줄여 1시간 정도 더 끓여요.
3 육수가 모두 우러나면 불을 끄고 고기만 따로 건져내고 남은 육수는 냉장고에 넣어 식혀요.
4 육수가 다 식어 기름이 굳으면 기름만 걷어내 완성해요.

제대로 된 육수만 있어도 음식의 감칠맛이 좋아지고 풍미가 살아나요.
전골, 찌개, 국 등 국물 요리를 위해 육수를 미리 만들어 밀폐용기에 담아 냉장 보관해서 사용해보세요.
국물 요리가 훨씬 쉽고 간단해집니다. 단, 보관 기간은 일주일을 넘기지 말아주세요.

닭 육수

구수한 맛이 일품인 닭 육수는 죽, 수프, 국수 등에 잘 어울려요. 육수를 내고 남은 닭고기를 잘게 찢어 다른 요리에 곁들이면 더욱 좋아요.

재료 Ingredients

닭고기 1마리, 대파 2대, 마늘 10쪽, 생강 2쪽, 마른 홍고추 2개, 양파 1개, 물 5L, 통후추 1큰술

만드는 방법 How to make

1 닭고기는 목에 있는 지방, 그리고 꼬리와 날개 끝을 잘라낸 후 닭 속까지 깨끗이 씻어요.
2 사골용 냄비에 물과 닭고기, 양파, 대파, 마늘, 생강, 마른 홍고추, 통후추를 넣고 1시간 정도 팔팔 끓여요. 끓는 중간마다 거품을 걷어내요.

표고버섯 육수

진한 표고 향이 좋은 표고버섯 육수는 매운 국물 요리, 된장찌개, 이유식, 채소수프 등에 사용하면 풍미를 더해 줍니다. 국물용 표고버섯은 크기가 크고 갓의 뒷면이 하얄수록 좋아요.

재료 Ingredients

표고버섯(국물용) 6개, 다시마(5×5cm) 1장, 물 1.2L

만드는 방법 How to make

1 표고버섯은 깨끗이 씻은 후 물에 담가 부드러워질 때까지 불려요.
2 냄비에 1의 표고버섯 불린 물과 표고버섯, 그리고 다시마를 넣고 중불에서 끓이다 육수가 끓어오르면 15분 정도 더 끓여 완성해요.

4
인분

모둠버섯밥

흰쌀밥에 향긋한 버섯을 가득 넣으면 모둠버섯밥이 돼요.
은은한 버섯 향이 밴 밥에 달콤짭조름한 양념장을 곁들이면 꿀맛이지요.
버섯에는 식이섬유가 풍부해 소화가 잘되고 불면증에도 효과가 있어 건강에 아주 좋은 재료입니다.

재료 Ingredients

느타리버섯 1줌
새송이버섯 2개
표고버섯 2개
다시마(2×3cm) 2장
쌀 3컵

양념장

쪽파 1줌
진간장 7큰술
올리고당 1큰술
맛술 1큰술
참기름 1큰술
고춧가루 1큰술
다진 마늘 1/2큰술

만드는 방법 How to make

1 쌀은 1시간 정도 물에 불려요.
2 새송이버섯과 표고버섯은 납작하게 썰고 느타리버섯은 잘게 찢어요.
3 쪽파를 송송 썬 후 양념장 재료와 잘 섞어요.
4 냄비에 **1**의 불린 쌀과 다시마, 물 3½컵을 넣은 후 뚜껑을 닫고 중불에서 끓여요. 물이 끓어오르기 시작하면 5분 정도 더 끓인 후 **2**의 버섯을 넣고 약불에서 15분 정도 끓여요. 불을 끄고 10분 정도 뜸을 들인 후 **3**의 양념장과 곁들여 내요.

1

2

3

4

해물솥밥

바다 향기가 가득한 해산물로 지은 따뜻한 해물솥밥은 영양식으로 정말 좋아요.
해산물에는 타우린이 풍부해 피로 회복과 두뇌 활동에 도움을 준다고 알려져 있어요.
쫄깃한 해산물, 달짝지근한 흰쌀밥, 짭조름한 양념장이 조화롭게 어우러져 누구나 좋아해요.

4
인분

재료 Ingredients

새우 살 100g
바지락 살 100g
전복 2마리
오징어(몸통) 1마리
다시마(5×5cm) 1장
쌀 3컵
참기름 2큰술

양념장

쪽파 1줌
홍고추 1개
진간장 7큰술
올리고당 1큰술
맛술 1큰술
고춧가루 1큰술
참기름 1큰술
다진 마늘 1/2큰술

만드는 방법 How to make

1 쌀을 깨끗이 씻이 1시간 정도 물에 불려요.
2 오징어는 깨끗이 씻은 후 내장을 제거하고 껍질을 벗겨 먹기 좋은 크기로 자른 후 끓는 물에 살짝 데쳐요. 바지락 살과 새우 살은 끓는 물에 살짝 데쳐요. 바지락 살과 새우 살을 데친 육수 3컵은 따로 남겨두세요.
3 전복은 깨끗이 씻은 후 껍질과 내장을 분리해요. 전복 살은 얇게 썰어요.
4 냄비에 참기름을 두르고 1의 불린 쌀이 투명해질 때까지 볶은 후 2의 바지락 살과 새우 살을 데친 육수 3컵과 다시마를 넣고 강불에서 끓여요.
5 물이 팔팔 끓어오르기 시작하면 중불로 줄이고 5분 정도 더 끓인 후 2와 3의 해산물을 모두 넣고 약불에서 15분 동안 더 끓여요. 불을 끄고 10분 정도 뜸을 들여요.
6 쪽파는 송송 썰고 홍고추는 잘게 다져 양념장 재료와 함께 잘 섞은 후 곁들여 내요.

> **TIP**
> 오징어의 내장은 오징어 다리와 연결되어 있기 때문에 다리와 몸통 부분의 틈 사이로 손을 넣고 쭉 잡아당기면 내장이 쉽게 분리돼요. 껍질은 끝을 살짝 벗긴 뒤 키친타월로 잡고 뜯어내면 쉽게 제거할 수 있어요.

1

2

3

4

5

6

2
인분

참치마요주먹밥

밥, 김, 캔참치, 그리고 마요네즈만 있으면 간단하게 만들 수 있어요.
양념한 밥 안에 참치와 마요네즈를 가득 넣어 동글동글 예쁘게 만들면
피크닉 요리로도 손색이 없어요.

재료 Ingredients

따뜻한 밥 2공기
조미 김 10g
캔참치 1캔
양파 1/3개
마요네즈 3큰술
참기름 1큰술
통깨 약간
소금 약간
후춧가루 약간

만드는 방법 How to make

1 양파를 잘게 다지고 캔참치는 기름기를 쭉 빼요. 양파, 캔참치, 마요네즈, 후춧가루를 잘 섞어 참치 소를 만들어요.
2 볼에 따뜻한 밥과 참기름을 넣은 후 조미 김을 잘게 부숴 넣고 통깨를 뿌려요. 밥이 싱겁다면 소금을 약간 넣어 간을 맞춰요.
3 삼각 틀 또는 손 위에 양념된 밥을 넓게 편 후 1의 참치 소를 듬뿍 올리고 밥을 조금씩 더해 예쁘게 뭉쳐 완성합니다.

1

2

3

3
인분

소고기무밥

무는 각종 소화 효소가 풍부해 천연 소화제로 많이 쓰여요.
또한 비타민 C가 많아 감기 예방 효과가 있어 겨울 밥상에 올리기에도 아주 좋아요.
별다른 반찬이 없어도 달달한 소고기무밥에 양념장만 곁들이면 든든하게 한 끼를 해결할 수 있어요.

재료 Ingredients

무 250g
소고기(잡채용) 120g
쌀 2컵
소금 약간
후춧가루 약간

양념장
영양부추 1줌
진간장 7큰술
올리고당 1큰술
맛술 1큰술
고춧가루 1큰술
참기름 1큰술
다진 마늘 1/2큰술

만드는 방법 How to make

1 소고기는 먹기 좋은 크기로 썬 후 소금과 후춧가루로 밑간을 하고 무는 채를 썰어요.
2 쌀은 1시간 정도 물에 불린 후 냄비에 물 1⅔컵과 함께 넣어요.
3 2의 냄비에 1의 무와 소고기를 올린 후 뚜껑을 닫아요. 중불에서 끓이다 물이 끓어오르기 시작하면 약불에서 15분 정도 익힌 후 불을 끄고 10분 동안 뜸을 들여요.
4 영양부추를 송송 썬 후 양념장 재료와 함께 잘 섞어요. 완성된 3의 밥과 함께 비벼서 먹어요.

"고구마밥은 고구마 하나만 있으면 간편히 만들 수 있어
시간도, 마음도 여유로워져
식사 후 티타임을 즐기고 싶어져요."

고구마밥

비타민 C와 칼륨이 풍부해 피부 미용에 좋고 체내 나트륨 배출에도 효과가 있는 고구마는 그냥 구워서 호호 불어 먹어도 맛있지만 하얀 쌀밥과 함께 고구마밥을 만들어 먹으면 더욱 맛있습니다. 달콤한 고구마밥으로 간단하면서도 건강한 한 끼 식사를 완성해보세요.

4 인분

재료 Ingredients

고구마 2개
쌀 3컵

양념장

영양부추 1줌
진간장 7큰술
올리고당 1큰술
맛술 1큰술
고춧가루 1큰술
참기름 1큰술
다진 마늘 1/2큰술

만드는 방법 How to make

1 쌀은 30분 정도 물에 불려요.
2 고구마는 2cm 크기로 깍둑썰기를 해요.
3 쌀은 물기를 뺀 후 밥솥에 담고 그 위에 고구마를 올린 후 물 3컵을 넣고 밥을 지어요.
4 영양부추를 잘게 다져 양념장 재료와 잘 섞은 후 3의 밥과 곁들여 내요.

1
2
3
4

> **TIP**
> 고구마 껍질에는 각종 암을 예방하는 베타카로틴 성분이 있기 때문에 고구마를 깨끗이 씻어 껍질째 요리해도 좋아요.

소고기가지밥

맛은 물론 영양소가 풍부해 성장기 아이들에게 아주 좋은 요리예요.
가지가 제철인 여름에 만들면 향과 맛이 풍부해 더욱 달콤하게 즐길 수 있습니다.

3
인분

재료 Ingredients

소고기 150g
가지 2개
다시마(2×3cm) 2장
쌀 2컵
참기름 2큰술

밑간
양조간장 1큰술
맛술 1큰술
참기름 1큰술
다진 마늘 1/2큰술
다진 파 1/2큰술
후춧가루 약간

양념장
진간장 7큰술
올리고당 1큰술
맛술 1큰술
고춧가루 1큰술
참기름 1큰술
통깨 1큰술
다진 마늘 1/2큰술
다진 파 1/2큰술

만드는 방법 How to make

1 쌀은 깨끗이 씻은 후 1시간 정도 물에 불려요.
2 소고기는 잘게 썬 후 밑간 재료와 버무려요.
3 가지는 얇게 슬라이스 해요.
4 냄비에 참기름을 두르고 1의 쌀과 물 2컵을 넣은 후 3의 가지와 2의 소고기를 얹어 강불에서 끓여요.
5 물이 팔팔 끓어오르기 시작하면 중불에서 5분, 약불에서 15분 정도 더 끓인 후 불을 끄고 10분 정도 뜸을 들여 완성해요. 양념장 재료를 잘 섞어 곁들여 내요.

1

2

3

4

5

3
인분

시래기밥

구수한 시래기밥은 어릴 적 할머니 댁에서 자주 먹던 요리예요.
시래기에는 비타민과 미네랄이 풍부하고 철분이 많아 빈혈에 좋아요.
또한 칼슘과 식이섬유가 많아 콜레스테롤 수치를 낮춰주고 다이어트에도 좋습니다.

재료 Ingredients

시래기(말린 것) 100g
다시마(5×5m) 1장
쌀 3컵
들기름 1큰술
국간장 1큰술

양념장

진간장 4큰술
매실청 1큰술
들기름 1큰술
다진 파 1큰술
다진 마늘 1/2큰술
통깨 1/2큰술

만드는 방법 How to make

1 시래기는 끓는 물에 1시간 정도 삶은 후 찬물에 4~5시간 정도 담가 불려요.
2 불린 시래기는 무청 부분의 억센 껍질을 벗긴 후 물기를 빼고 5cm 길이로 잘라요.
3 쌀을 깨끗이 씻은 후 물 3½컵, 잘게 자른 시래기, 다시마, 들기름, 국간장과 함께 밥솥에 넣고 밥을 지어요.
4 양념장 재료를 잘 섞은 후 3의 밥에 곁들여요.

3
인분

차돌박이된장찌개

채소와 육수만으로도 맛있는 된장찌개가 되지만 기름진 차돌박이를 넣어
보글보글 끓이면 더욱 깊은 맛을 느낄 수 있어요.
따끈한 차돌박이된장찌개와 밥 한 공기는 차가운 속을 따뜻하게 만들어줘요.

재료 Ingredients

차돌박이 150g
청양고추 1개
양파 1/2개
애호박 1/2개
대파 1대
멸치다시마 육수 3컵
된장 2큰술
다진 마늘 1/2큰술
고춧가루 1/2큰술

만드는 방법 How to make

1 애호박은 반달 모양으로 썰고 양파는 한입 크기로 썰어요. 대파와 청양고추는 송송 썰어요.
2 달군 냄비에 차돌박이와 다진 마늘을 넣고 중불에서 볶아요.
3 고기가 반쯤 익으면 멸치다시마 육수, 된장, 고춧가루를 넣고 끓여요.
4 육수가 끓어오르기 시작하면 1의 양파와 애호박을 넣고 팔팔 끓이다 양파가 반투명해지면 대파와 청양고추를 넣고 중불에서 한소끔 더 끓여 완성해요.

애호박두부새우젓국

애호박이 새우젓의 비린 맛을 잡아주기 때문에 새우젓만 넣어도
깔끔한 국물 맛을 낼 수 있어요. 여기에 청양고추를 썰어 넣으면
얼큰하고 감칠맛 나는 국물 요리가 탄생합니다.

4
인분

재료 Ingredients

두부 1/2모
애호박 1/2개
청양고추 1/2개
홍고추 1/2개
대파 1/2대
멸치다시마 육수 4컵
새우젓 1큰술
다진 마늘 1/2큰술

만드는 방법 How to make

1 두부는 3×4cm 크기로 얇게 썰고 애호박은 반달 모양으로 썰고 청양고추, 홍고추, 대파는 어슷하게 썰어요.
2 냄비에 멸치다시마 육수와 **1**의 애호박과 두부를 넣고 끓여요.
3 두부와 애호박이 다 익어 떠오르면 새우젓과 다진 마늘을 넣고 끓여요.
4 **1**의 홍고추와 청양고추, 대파를 넣고 한소끔 더 끓여 완성해요.

1

2

3

4

4
인분

버섯들깨매운탕

칼칼한 국물에 고소한 들깻가루가 더해져 진한 국물 맛이 일품이에요.
버섯에는 비타민, 식이섬유, 단백질 등 각기 다른 영양소가 가득 들어 있어
건강 식단에 자주 등장하는 재료에요.

재료 Ingredients

소고기(국거리용) 200g
미나리 100g
느타리버섯 100g
표고버섯 2개
감자 2개
대파 1대
멸치다시마 육수 4컵
들깻가루 2큰술
참기름 1큰술

양념장

된장 2큰술
국간장 2큰술
고춧가루 2큰술
다진 마늘 1큰술
맛술 1큰술
후춧가루 약간

만드는 방법 How to make

1 미나리는 5cm 길이로 먹기 좋게 썰고, 대파는 어슷하게 썰고, 느타리버섯은 세로로 찢고, 표고버섯은 얇게 슬라이스 해요. 감자는 껍질을 제거한 후 슬라이스 해요.
2 양념장 재료를 잘 섞어요.
3 냄비에 참기름을 두른 후 소고기를 넣고 볶다가 멸치다시마 육수와 2의 양념장을 넣고 끓여요.
4 3의 육수가 끓어오르면 감자를 넣고 끓이다가 감자가 어느 정도 익으면 미나리, 버섯, 대파와 들깻가루를 넣고 한소끔 더 끓여 완성해요.

1

2

3

4

소고기버섯국

깔끔한 국물 맛이 일품인 소고기버섯국은 자극적이지 않고 담백해 온 가족이 즐길 수 있는
국물 요리예요. 소고기에는 사르코신 성분이 있어 근력 증진에 좋고
필수 아미노산이 많이 함유되어 있어 성장기 아이들에게도 정말 좋은 재료입니다.

4
인분

재료 Ingredients

소고기(국거리용) 150g
느타리버섯 100g
표고버섯 3개
대파 1대
멸치다시마 육수 4컵
국간장 1큰술
참기름 1큰술
다진 마늘 1/2큰술
소금 약간
후춧가루 약간

만드는 방법 How to make

1 그릇에 소고기와 다진 마늘, 국간장, 참기름, 후춧가루를 넣고 버무려 밑간을 해요.
2 느타리버섯은 먹기 좋게 찢고 표고버섯은 밑동을 자른 후 갓을 슬라이스 해요. 대파는 어슷하게 썰어요.
3 냄비에 1의 소고기를 넣고 볶다가 익기 시작하면 2의 버섯을 넣고 함께 볶아요. 버섯 향이 올라오면 멸치다시마 육수를 넣고 끓여요.
4 버섯과 소고기가 다 익으면 2의 대파를 넣은 후 소금으로 간을 맞춰 완성해요.

TIP
표고버섯은 생략해도 됩니다. 냉장고에 다른 버섯이 있다면 같이 넣어도 좋아요.

4
인분

꽃게탕

쫄깃한 게살과 얼큰한 국물 맛이 일품인 꽃게탕은 알이 꽉 차 있는 5월에 만들면 아주 좋아요. 꽃게에는 몸의 열을 낮추고 소화를 돕는 효능이 있어 더운 여름에 먹기에도 좋은 요리에요. 구수하고 얼큰한 꽃게탕 국물에 밥을 말아 호호 불어 먹으면 밥도둑이 따로 없습니다.

재료 Ingredients

꽃게 500g
무 150g
쑥갓 1줌
홍고추 1/2개
풋고추 1/2개
애호박 1/3개
양파 1/4개
대파 1대
멸치다시마 육수 8컵
소금 약간

양념장

된장 3큰술
고추장 1큰술
고춧가루 1큰술
다진 마늘 1큰술

만드는 방법 How to make

1 꽃게는 등딱지를 떼고 다리 끝을 잘라 낸 후 깨끗하게 씻어 4등분해요. 이때 집게발을 제일 먼저 잘라야 해요.
2 무는 2×4cm 크기로 얇게 썰고, 애호박은 반달 모양으로 썰어요. 양파는 채를 썰고 홍고추, 풋고추, 대파는 어슷하게 썰어요. 쑥갓은 흐르는 물에 씻은 후 줄기 끝부분만 잘라요.
3 냄비에 멸치다시마 육수와 2의 무, 그리고 양념장 재료를 넣고 팔팔 끓여요. 무가 투명해지면 꽃게와 2의 양파, 애호박을 넣고 끓여요.
4 꽃게와 채소들이 다 익어 국물이 우러나면 2의 고추를 넣고 소금을 약간 넣어 간을 한 후 대파와 쑥갓을 넣고 한소끔 끓여 완성해요.

1

2

3

4

바지락수제비

비가 내리는 날이면 유난히 생각나는 요리예요.
뜨끈한 국물과 쫄깃한 바지락 살과 수제비를 한술 가득 떠먹으면 정말 맛있죠.
바지락은 조개류 중 가장 시원한 맛을 내기 때문에 육수 만들기에 좋은 재료입니다.

3
인분

재료 Ingredients

바지락 800g
대파 1/2대
청양고추 1/2개
멸치다시마 육수 4컵
밀가루 1½컵
다진 마늘 1/2큰술
소금 약간
후춧가루 약간

만드는 방법 How to make

1 바지락은 해감을 한 후 깨끗이 씻어요.
2 대파와 청양고추는 송송 썰어요. 볼에 밀가루와 물 2/3컵, 소금을 넣고 치대며 반죽해요.
3 냄비에 멸치다시마 육수와 **1**의 바지락을 넣고 팔팔 끓여요. 이때 생기는 거품은 불순물이니 걷어내 버려요.
4 바지락이 다 익어 입을 벌리면 **2**의 반죽을 먹기 좋은 크기로 조금씩 떼어 넣은 후 다진 마늘을 넣고 팔팔 끓여요. 수제비가 다 익으면 대파와 청양고추를 넣고 소금과 후춧가루로 간을 해요.

1   2
3   4

TIP
바지락은 맑은 물이 나올 때까지 문질러 닦은 후 소금을 넣은 물에 담가 해감을 해요.

2
인분

오징어콩나물국

타우린이 풍부한 오징어와 아스파라긴산이 들어 있는 콩나물은 숙취 해소에 좋은 재료예요.
오징어와 콩나물로 국을 끓이면 국물 맛이 시원해 속풀이로도 좋지만
추운 날씨에 먹으면 속까지 든든해져요.

재료 Ingredients

오징어(몸통) 1마리
무 80g
콩나물 2줌
대파 1/2대
청양고추 1/2개
멸치다시마 육수 4컵
된장 1½큰술
국간장 1큰술
고춧가루 1/2큰술
다진 마늘 1/2큰술

만드는 방법 How to make

1 콩나물은 깨끗이 씻어 꼬리를 떼어내고, 무는 채를 썰고, 청양고추와 대파는 어슷하게 썰어요.
2 오징어는 내장을 제거하고 깨끗이 씻은 후 2cm 폭으로 링 모양으로 썰어요.
3 냄비에 멸치다시마 육수와 된장을 풀어 넣고 팔팔 끓으면 1의 콩나물과 무를 넣어요.
4 콩나물이 숨이 죽으면 2의 오징어와 국간장, 고춧가루, 다진 마늘을 넣고 팔팔 끓여요.
5 냄비에 1의 대파와 청양고추를 넣고 한소끔 더 끓여 완성해요.

1

2

3

4

5

순두부굴전골

굴은 바다의 우유라고 불릴 만큼 각종 영양소가 풍부한 해산물이에요.
굴에는 비타민과 무기질 성분이 풍부해 피부 미용에 좋아요. 여기에 단백질이
가득한 순두부와 함께 요리하면 미용과 건강을 모두 챙기는 건강한 전골 요리가 완성돼요.

재료 Ingredients

순두부 300g
굴 200g
무 200g
미나리 50g
대파 1대
홍고추 1개
멸치다시마육수 5컵
새우젓 1큰술
소금 약간

만드는 방법 How to make

1 무는 3×3cm 크기로 나박하게 썰고, 대파와 홍고추는 어슷하게 썰어요. 미나리는 잎을 제거한 후 5cm 길이로 썰어요.
2 냄비에 멸치다시마육수와 무를 넣고 강불에서 끓여요. 육수가 끓어오르면 중불로 줄여 10분 정도 더 끓여요.
3 2의 냄비에 순두부를 넣고 강불에서 5분 정도 끓인 후 굴을 넣고 한소끔 더 끓여요.
4 1의 미나리, 대파, 홍고추를 넣은 후 새우젓으로 간을 하고 한소끔 더 끓여 완성해요. 부족한 간은 소금으로 맞춰요.

1

2

3

4

4

인분

육개장

찬바람이 불 때면 뜨끈한 육개장이 생각나요. 요즘에는 대형 마트나 재래시장에서 미리 손질해놓은 재료들을 쉽게 구할 수 있어 만드는 것이 간편해졌어요.
육개장은 기운을 북돋아주는 보양식이기 때문에 건강식으로 안성맞춤이에요.

재료 Ingredients

소고기 양지머리 300g
숙주 160g
토란대 150g
고사리 150g
대파 3대
소금 약간

양념장

고춧가루 6큰술
진간장 4큰술
고추기름 3큰술
다진 마늘 3큰술
국간장 2큰술
맛술 2큰술
까나리액젓 1큰술
후춧가루 1/4큰술
생강가루 약간

만드는 방법 How to make

1 양지머리는 30분 정도 물에 담가 핏물을 제거한 후 냄비에 물 1.3L와 함께 넣고 강불에서 끓여요. 육수가 끓어오르면 약불로 줄여 40분 정도 더 끓여 육수를 내요.
2 잘 익은 양지머리는 꺼내 식힌 후 잘게 찢어요.
3 대파는 5cm 크기로 자르고 세로로 2등분한 후 찬물에 15분 정도 담가요.
4 토란대, 고사리, 숙주는 각각 끓는 물에 30초 정도 데친 후 꺼내 찬물로 씻어요. 물기를 꽉 짜낸 후 먹기 좋은 크기로 썰어요.
5 양념장 재료와 4의 채소, 2의 양지머리를 잘 버무려요.
6 냄비에 1의 육수 1L와 5의 재료들을 넣고 강불에서 20분 정도 끓이다 3의 대파를 넣고 약불에서 30분 정도 더 끓여 완성해요.

TIP
부족한 간은 소금 또는 진간장으로 맞춰요.

1

2

3

4

5

6

수육전골

온 가족이 함께 먹기 좋은 수육전골은 몸을 따뜻하게 해주는 효능이 있어 추운 날씨에 제격이에요.
소고기에는 필수 아미노산, 단백질, 미네랄, 철분, 비타민 B가 풍부해
빈혈 예방과 피로 회복에 좋으며 피부 미용에도 아주 효과적이에요.

4
인분

재료 Ingredients

소고기 양지머리 300g
소고기 사태 300g
부추 1줌
대파 2대
마늘 5쪽
청주 4큰술
통후추 1/2큰술
소금 약간

양념장

홍고추 1개
양파 1/2개
진간장 6큰술
식초 2큰술
물 2큰술
맛술 1큰술
올리고당 1큰술
다진 마늘 1큰술
연겨자 1/2큰술
통깨 1/2큰술
후춧가루 약간

만드는 방법 How to make

1 양지머리와 사태는 찬물에 1시간 정도 담가 핏물을 제거해요.
2 냄비에 **1**의 소고기와 대파, 마늘, 통후추, 청주와 물 1.2L를 넣고 강불에서 끓여요. 육수가 끓어오르면 중약불로 줄여 1시간 정도 더 끓여요.
3 부추는 5cm 길이로 썰고 몇 가닥만 송송 썰어요.
4 양파와 홍고추는 잘게 다져 양념장 재료와 함께 잘 섞어요.
5 **2**의 육수가 모두 우러나면 소고기만 따로 건져내 식힌 후 먹기 좋은 크기로 썰어 **3**의 부추, **2**의 육수와 함께 전골냄비에 담아요. 강불에서 전골냄비를 끓이다가 중불로 줄여 5분 정도 더 끓인 후 소금을 넣어 완성해요. 양념장과 곁들여 내요.

1

2

3

4

5

차돌박이부추샐러드

차돌박이를 바싹 구워 기름기를 뺀 후 매콤한 부추샐러드를 곁들이면
상큼한 맛이 가득한 요리가 돼요. 부추에는 콜레스테롤을 낮춰주는 효과가 있어
차돌박이와 함께 먹기 좋은 재료입니다.

재료 Ingredients

차돌박이 400g
부추 2줌
양파 1/2개
청주 1큰술

밑간
참기름 1큰술
청주 1큰술
깨소금 1큰술
생강즙 1큰술
소금 약간
후춧가루 약간

소스
간장 4큰술
식초 2큰술
올리고당 1큰술
매실청 1큰술
고춧가루 1큰술
통깨 1큰술
다진 마늘 1/2큰술

만드는 방법 How to make

1 차돌박이에 청주를 뿌려 잡냄새를 제거하고 키친타월로 감싸 핏물을 뺀 후 밑간 재료와 함께 볼에 담아 잘 버무려요.
2 부추는 깨끗이 씻어 4cm 크기로 썰고, 양파는 채를 썬 후 매운맛을 없애기 위해 찬물에 30분 정도 담가요.
3 소스 재료를 잘 섞어요.
4 볼에 2의 부추와 양파, 3의 소스를 넣고 골고루 버무려요.
5 달군 팬에 1의 차돌박이를 노릇하게 구운 후 기름기를 제거하고 4의 부추샐러드와 함께 그릇에 담아 완성해요.

1

2

3

4

5

뚝배기불고기

달짝지근한 맛이 일품인 뚝배기불고기는 남녀노소 누구나 좋아하는 요리예요.
국물이 있어 아침 식단으로도 부담스럽지 않아요.
여기에 쫄깃한 당면과 각종 채소를 가득 넣어 끓이면 손님 초대 요리로도 좋아요.

2
인분

재료 Ingredients

소고기(불고기용) 200g
팽이버섯 1줌
대파 1대
표고버섯 2개
양파 1/2개
당근 1/4개
멸치다시마 육수 1컵
청주 2큰술

양념장
양파 1/4개
배 1/4개
다시마 육수 1/2컵
진간장 4큰술
청주 2큰술
흑설탕 1큰술
다진 마늘 1큰술
다진 파 1큰술
참기름 1/2큰술
후춧가루 약간

만드는 방법 How to make

1 소고기는 키친타월에 올리고 청주를 뿌려 핏물을 제거해요.
2 양념장 재료를 믹서에 넣고 곱게 갈아요.
3 팽이버섯은 밑동을 자르고 표고버섯은 얇게 슬라이스 해요. 대파는 어슷하게 썰고, 당근과 양파는 채를 썰어요.
4 볼에 2의 양념장과 1의 소고기, 3의 양파를 넣고 버무려 30분 정도 재워요.
5 뚝배기에 4의 불고기와 3의 당근과 멸치다시마 육수를 넣고 중불에서 끓여요. 소고기가 거의 익으면 3의 버섯과 대파를 넣고 한소끔 더 끓여 완성해요.

1

2

3

4

5

묵은지김치찜

묵은지만 있으면 맛있게 만들 수 있는 묵은지김치찜은 최고의 밥도둑이에요.
의외로 과정이 간단해 누구나 쉽게 만들 수 있어요.
새콤한 김치와 두툼한 돼지고기는 밥 한 공기를 금세 비우게 한답니다.

4
―――
인분

재료 Ingredients

묵은지 500g
돼지고기 목살 200g
대파 1대
멸치다시마 육수 2컵
김칫국물 1/4컵
청주 2큰술
참기름 1큰술
다진 마늘 1큰술

만드는 방법 How to make

1 냄비에 묵은지와 돼지고기 목살, 멸치다시마 육수, 김칫국물, 청주, 다진 마늘을 넣고 끓여요.
2 국물이 자작하게 졸고 돼지고기가 잘 익으면 대파를 어슷하게 썰어 넣고, 참기름을 두른 후 한소끔 더 끓여 완성해요.

1

2

Recipe

2

바 쁜 날,
언 제 든 지
곁들일 수 있는

반찬 요리

비슷한 식탁이라도 반찬에 따라 느낌이 달라지는 경우가 있어요. 주연은 아니지만 특별한 조연으로서 제몫을 톡톡히 해내고 있는 기특한 반찬들이 많이 있지요. 메인 요리를 하고 남은 재료나 육수를 끓이고 남은 고기 등 자투리 식재료를 사용하면 다양한 반찬들을 만들 수 있어요. 한가할 때 반찬을 만들어 보관해보세요. 바쁜 날에도 든든한 한 끼를 먹을 수 있습니다.

> INTRO

재료 싱싱하게 보관하기

재료는 구입 후 모두 활용하면 좋겠지만, 항상 조금씩 남게 돼요.
이럴 때를 대비해 재료별 보관 방법을 익혀두세요.
재료에 따라 보관 방법이 조금씩 다르기 때문에 무조건 냉장고에 넣어두는 것은 좋지 않습니다.

채소

씻지 않고 그대로 신문지로 감싸거나 밀폐용기에 담아 수분이 날아가는 것을 막은 후 냉장 보관하는 것이 좋습니다. 감자, 고구마, 토마토 등의 채소는 실온에 보관하되 직사광선을 피해 서늘한 곳에 보관해요. 배추, 상추 등 잎채소는 긴 밀폐용기에 세로로 세워 넣어서 보관해요.

육류

육류는 그때그때 먹을 만큼의 분량으로 나누어 냉동 보관해요. 바로 먹지 않는다면 최대한 빨리 냉동 보관해야 해동 후 조리 시 육즙이 많이 빠져나가지 않아요.

어패류

물기를 최대한 없앤 후 냉동 보관해요. 토막 생선은 소금을 살짝 뿌리고 키친타월로 수분을 제거한 후 한 토막씩 랩으로 싸서 냉동하는 것이 좋아요. 조개류를 오래 보관해야 한다면 해감 후 바로 냉동하는 것이 좋아요.

건조식품

건조식품은 밀폐용기에 담아 수분기 없이 보관하는 게 가장 중요합니다.

빵

짧게 보관한다면 실온에서 2일 이상을 넘기지 않아야 해요. 오래 보관할 때는 냉동 보관해요. 냉장 보관하면 수분이 빠져나가요. 냉동 보관한 후 토스트기 또는 그릴에 구워 활용해요.

2
인분

꽈리고추감자조림

여름이 제철인 꽈리고추에는 신진대사를 활발하게 하고 혈압을 낮추는 효능이 있습니다.
향이 좋고 매운맛이 적당한 꽈리고추와 감자를 함께 조리하면 꽈리고추의 알싸한 향이 감자에 배어
입맛을 돋워주는 맛있는 반찬이 완성됩니다.

재료 Ingredients

꽈리고추 50g
다시마(2×3m) 1장
마늘 5쪽
감자 2개
찬물 1컵
식용유 2큰술

양념장

간장 3큰술
맛술 2큰술
올리고당 1큰술
설탕 1/2큰술
참기름 1/2큰술
통깨 1/2큰술
후춧가루 약간

만드는 방법 How to make

1 찬물에 다시마를 30분 정도 담가 다시마 물을 만들어요.
2 감자는 흐르는 물에 깨끗이 씻어 껍질을 벗긴 후 한입 크기로 자르고 꽈리고추는 꼭지를 뗀 후 세로로 한 번, 가로로 한 번 썰어 4등분해요. 마늘은 편으로 썰어요.
3 달군 팬에 식용유를 두르고 2의 감자를 볶아요. 감자가 투명해질 때까지 볶은 후 1의 다시마 물과 양념장 재료를 넣고 끓여요.
4 양념이 반으로 줄면 2의 꽈리고추와 마늘을 넣고 자작해질 때까지 졸여요.

1

2

3

4

TIP
감자 대신 멸치를 감자의 양만큼 넣으면 감칠맛이 일품인 꽈리고추멸치조림이 됩니다.

돼지고기생강구이

일본 가정식인 쇼가야키는 우리나라 말로 돼지고기생강구이라고 해요.
일본 영화 〈카모메 식당〉에서 처음 이 요리를 보고 바로 만들어보았어요.
소복이 쌓인 양배추샐러드 위에 잘 졸인 돼지고기를 올리면 보기에도 좋고 맛도 아주 좋습니다.

2
인분

재료 Ingredients

돼지고기 앞다리살 280g
양배추 100g
식용유 1큰술

양념장

간장 1½큰술
맛술 1½큰술
청주 1큰술
꿀 1큰술
다진 생강 1/2큰술

만드는 방법 How to make

1 양배추는 얇게 채를 썬 후 흐르는 물에 깨끗이 씻어요.
2 돼지고기 앞다리살을 한입 크기로 썰어 볼에 양념장 재료와 함께 넣고 버무린 후 30분간 재워요.
3 달군 팬에 식용유를 두르고 2의 돼지고기를 중불에서 앞뒤로 노릇하게 구워요.
4 접시 위에 1의 양배추를 올리고 그 위에 3의 돼지고기를 올려요.

TIP
기호에 따라 홍고추나 실파를 송송 썰어서 올리면 색감이 살아나요.

소고기가지구이냉채

습하고 더운 여름날에는 냉채만 한 요리가 없어요.
칼륨이 풍부한 가지와 고단백질의 소고기가 만나 영양 가득 소고기가지구이냉채가 되었어요.
접시에 먹음직스럽게 올려 고추를 뿌리면 보기에도 좋아 손님 초대 요리로도 손색이 없어요.

2
인분

재료 Ingredients

소고기(샤브샤브용) 300g
잣 45g
가지 1개
홍고추 1개
청고추 1개
멸치다시마 육수 1컵
진간장 2큰술
소금 약간
후춧가루 약간

소스
물 5큰술
진간장 2큰술
레몬즙 2큰술
식초 2큰술
올리고당 1큰술
다진 마늘 1큰술
참기름 1/2큰술
소금 약간
후춧가루 약간

만드는 방법 How to make

1 채칼로 가지를 얇게 슬라이스 한 후 달군 팬에 기름을 두르지 않고 중불에서 앞뒤로 노릇하게 구워요.
2 냄비에 멸치다시마 육수와 진간장, 소금, 후춧가루를 넣고 팔팔 끓으면 소고기를 넣어 살짝 데친 후 식혀요.
3 그릇에 소스 재료를 넣고 섞어요.
4 청고추와 홍고추, 잣은 곱게 다져요.
5 1의 가지에 2의 소고기를 올려 돌돌 말아요. 접시에 예쁘게 담은 후 4의 고추와 잣, 그리고 3의 소스를 뿌려 완성해요.

1

2

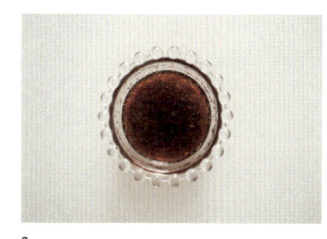
3

4

5

> **TIP**
>
> 모차렐라치즈를 올리고 전자레인지에서 2분 30초 정도 조리하면 고소한 풍미가 더해져 아이들이 아주 좋아해요.

두부조림

쫄깃한 식감이 일품인 두부조림은 누구나 좋아하는 국민 반찬이에요.
두부는 장을 튼튼하게 해주고 단백질이 풍부하기 때문에
아이들 도시락 반찬으로도 안성맞춤이지요.

재료 Ingredients

두부 1모
전분가루 4큰술
식용유 2큰술
참기름 1/2큰술

양념장

물 5큰술
진간장 3큰술
다진 양파 1½큰술
다진 파 1½큰술
올리고당 1큰술
맛술 1/2큰술
다진 마늘 1/2큰술
통깨 1/2큰술

만드는 방법 How to make

1 양념장 재료를 잘 섞어요.

2 두부는 2cm 두께로 네모지게 썬 후 키친타월에 올려 물기를 제거해요. 물기가 제거된 두부에 전분가루를 뿌려 골고루 묻혀요.

3 달군 팬에 식용유를 두른 후 중불에서 두부를 익혀요. 두부가 달라붙지 않도록 간격을 두고 익혀요.

4 두부가 노릇하게 익으면 1의 양념장을 넣은 후 잘 조려 완성해요. 기호에 따라 양념장 양을 조절해서 넣어주세요.

TIP

양념장에 고춧가루 1큰술을 더해보세요. 칼칼한 맛이 일품인 매운 두부조림이 완성됩니다.

상추겉절이

어린 시절 할머니께서 텃밭에서 딴 상추로 무쳐준 상추겉절이는 시간이 지나도
잊히지 않는 추억의 요리예요. 싱싱한 상추로 만든 상추겉절이는 그냥 먹어도 맛있지만
고기와 함께 곁들여 먹으면 더욱 맛있습니다.

2
인분

재료 Ingredients

상추 15장

양념장

고춧가루 2큰술

간장 1큰술

설탕 1큰술

다진 마늘 1큰술

다진 파 1큰술

참기름 1큰술

통깨 1/2큰술

만드는 방법 How to make

1 상추는 흐르는 물에 깨끗이 씻은 후 먹기 좋은 크기로 찢어요.

2 볼에 1의 상추와 양념장 재료를 넣고 상추의 숨이 죽지 않도록 조심스럽게 무쳐서 완성해요.

1

2

해물쌈장

별다른 반찬이 없을 때 해물쌈장을 만들어보세요.
따뜻하게 잘 지어진 밥과 채소를 함께 곁들이면 건강한 식탁이 완성돼요.
해물쌈장을 만들어두면 바쁜 오전, 아침상을 간단하게 차릴 수 있어요.

4
인분

재료 Ingredients

오징어(다리) 1마리
새우 10마리
홍합 살 30g
표고버섯 2개
풋고추 1개
양파 1/2개
애호박 1/4개
멸치다시마 육수 1/2컵
재래식 된장 2큰술
맛술 2큰술
들기름(또는 참기름) 1큰술
고추장 1큰술
다진 마늘 1/2큰술

만드는 방법 How to make

1 오징어는 깨끗이 씻고, 새우는 껍질을 벗겨요. 손질한 오징어와 새우, 홍합 살은 잘게 다져요.
2 표고버섯과 양파, 애호박은 굵게 다지고 풋고추는 잘게 다져요.
3 달군 팬에 들기름을 두른 후 다진 마늘을 넣고 볶다가 재래식 된장과 고추장을 넣고 1분 정도 볶아요.
4 3의 팬에 멸치다시마 육수와 맛술을 넣고 잘 섞은 후 1의 해산물과 2의 양파와 표고버섯을 넣고 끓여요.
5 보글보글 끓기 시작하면 2의 애호박과 풋고추를 넣고 한소끔 더 끓여요.

1

2

3

4

5

오삼불고기

오징어는 피로 회복과 당뇨 예방은 물론 두뇌 활동에도 도움이 돼요.
맛도 좋고 몸에도 좋은 오징어와 고소한 삼겹살, 그리고 채소를 가득 넣어
고추장에 볶아 내면 입맛을 돋우는 매콤한 볶음 요리가 완성됩니다.

2
인분

재료 Ingredients

오징어(몸통) 1마리
삼겹살 300g
대파 1대
양파 1개
당근 1/3개
양배추 1/6개
식용유 2큰술

양념장

고춧가루 4큰술
간장 2½큰술
올리고당 2½큰술
고추장 2큰술
맛술 2큰술
설탕 1큰술
다진 마늘 1큰술
통깨 약간
생강즙 약간
후춧가루 약간

만드는 방법 How to make

1 오징어는 내장을 제거하고 껍질을 빗긴 후 깨끗이 씻어요. 손질한 오징어와 삼겹살은 칼집을 낸 후 먹기 좋은 크기로 썰어요. 삼겹살은 먹기 좋은 크기로 잘라요.
2 양파는 채를 썰고 당근과 대파는 어슷하게 썰어요. 양배추는 먹기 좋은 크기로 썰어요.
3 양념장 재료를 잘 섞어요.
4 볼에 **1**의 오징어와 삼겹살, **2**의 채소와 **3**의 양념장을 잘 섞은 후 30분 정도 재워요.
5 달군 팬에 식용유를 두르고 **4**를 강불에서 5분 정도 볶다가 중불로 줄여 재료들이 모두 익을 때까지 볶아 완성해요.

1

2

3

4

5

TIP

파와 통깨를 뿌리면 색감을 살릴 수 있어요. 남은 양념장은 밥, 김 가루, 잘게 썬 김치, 참기름과 함께 볶아 볶음밥으로 먹어도 좋습니다.

4
인분

소고기약고추장

소고기약고추장은 한 번 만들어놓으면
주먹밥, 비빔밥 등의 재료로 활용해 간단하게 끼니를 해결할 수 있어요.
시간이 남을 때 만들어 여러 요리에 활용해보세요.

재료 Ingredients

다진 소고기 400g
참기름 2큰술

밑간
맛술 1큰술
다진 양파 1큰술
다진 마늘 1큰술
후춧가루 약간

양념장
고추장 5큰술
매실청 1큰술
올리고당 1큰술
참기름 1큰술
통깨 1큰술
간장 1/2큰술

만드는 방법 How to make

1 볼에 다진 소고기와 밑간 재료를 넣어 버무려요.
2 달군 팬에 참기름을 두르고 1의 소고기를 볶다가 양념장 재료를 넣고 잘 볶아 완성해요.

1

2

두부오이냉채

칼로리는 낮지만 영양소를 골고루 갖추고 있어 입맛 없는 여름에 즐기기 좋은 요리입니다. 스트레스를 받기 쉬운 여름에는 단백질 소모량이 많아져요. 이때 두부와 함께 수분을 보충해주는 오이와 몸의 해독 작용을 도와주는 숙주를 함께 섭취하면 더할 나위 없는 여름 건강식이 됩니다.

2 인분

재료 Ingredients

두부 1모
숙주 1줌
쪽파 15g
오이 1/4개
식용유 2큰술
소금 약간
후춧가루 약간

소스

물 2큰술
설탕 2큰술
간장 2큰술
식초 2큰술
참기름 1큰술
통깨 1큰술
연겨자 1/2큰술

만드는 방법 How to make

1 소스 재료를 잘 섞어요.
2 두부는 2cm 크기로 깍둑썰기 하고 키친타월에 올려 물기를 제거한 후 후춧가루와 소금을 뿌려요.
3 숙주는 반으로 자르고, 오이는 얇게 슬라이스 해요. 쪽파는 송송 썰어요.
4 달군 팬에 식용유를 두르고 2의 두부를 노릇하게 구운 후 기름기를 제거하고 식혀요. 숙주는 센불에서 살짝 볶은 후 식혀요.
5 접시에 3의 오이와 4의 두부와 숙주를 가지런히 올린 후 1의 소스와 3의 쪽파를 뿌려 완성해요.

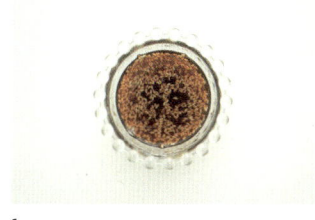

1

2

3

4

5

4
인분

크랜베리아몬드멸치볶음

멸치볶음은 오랫동안 사랑받고 있는 반찬이에요.
칼슘이 풍부한 멸치와 노화 방지, 치매 예방에 좋은 아몬드, 그리고 콜레스테롤을 저하시켜주는 크랜베리를 함께 볶으면 맛뿐 아니라 영양까지 챙길 수 있는 맛있는 반찬이 완성됩니다.

재료 Ingredients

멸치 250g
건크랜베리 70g
아몬드 70g
식용유 4큰술
올리고당 4큰술
맛술 2큰술
간장 2큰술
다진 마늘 1큰술
통깨 약간

만드는 방법 How to make

1 멸치는 체에 담아 톡톡 털어 잡티를 제거해요.
2 달군 팬에 식용유를 두르고 다진 마늘을 넣고 볶다가 멸치를 넣고 볶아요.
3 멸치가 노릇하게 볶아지면 맛술과 간장을 넣고 계속 볶아요.
4 불을 끈 후 건크랜베리, 아몬드, 올리고당, 통깨를 넣고 잘 버무려 완성합니다.
   불을 켠 채로 올리고당을 넣고 볶으면 멸치볶음이 딱딱해져요.

1   2
3   4

TIP
해바라기씨, 호두, 피스타치오 등 다른 견과류와도 잘 어울려요. 완성된 멸치볶음은 김 가루와 버무려 주먹밥을 만들거나 김밥에 넣어 멸치김밥을 만들어도 좋아요.

버섯전

항암 효과에 좋은 버섯은 지용성 영양소가 들어 있어 기름과 함께 조리하면
영양소 섭취에 도움이 돼요. 쫄깃한 식감이 먹어도 질리지 않아
아이들 간식으로도 아주 좋고 술안주로도 좋아요.

재료 Ingredients

표고버섯 5개
느타리버섯 1줌
대파 2대
달걀 3개
홍고추 2개
양파 1/2개
밀가루 2큰술
식용유 적당량
소금 약간
후춧가루 약간

만드는 방법 How to make

1 표고버섯과 느타리버섯, 홍고추, 양파, 대파는 잘게 다져요.
2 볼에 1의 재료와 밀가루, 달걀, 소금, 후춧가루를 넣은 후 섞어요.
3 달군 팬에 식용유를 둘러가며 먹기 좋은 크기로 부쳐 완성해요.

1

2

3

TIP
소고기를 다져서 넣으면 쫄깃하고 육즙이 배어 있는 소고기버섯전이 됩니다.

4
인분

소고기장조림

어릴 적 엄마가 자주 만들어주던 소고기장조림은
자취생활 동안 가장 많이 생각이 난 반찬 중 하나에요.
오래 보관할 수 있어 반찬통 한가득 만들어놓으면 마음까지 뿌듯해집니다.

재료 Ingredients

소고기 양지머리 300g
메추리알 1판
다시마(3×5cm) 2장
마늘 8쪽
대파 2대
양파 1개
청양고추 1/2개
맛술 2큰술
후춧가루 1/2큰술

조림장

간장 1/2컵
설탕 3큰술
맛술 3큰술

만드는 방법 How to make

1 소고기 양지머리는 찬물에 2시간 정도 담가 핏물을 제거해요.
2 메추리알은 잘 삶아 껍질을 제거해요.
3 양파는 4등분하고, 대파는 적당히 자르고, 청양고추는 세로로 2등분한 후 냄비에 1의 소고기와 함께 넣어요. 소고기가 잠길 정도로 물을 붓고, 마늘 5쪽, 다시마, 후춧가루, 맛술을 넣은 후 육수가 뽀얗게 우러날 때까지(약 40분) 팔팔 끓여요. 면포 또는 체에 육수를 걸러내요.
4 3의 소고기는 식힌 후 손으로 쭉쭉 찢고 육수는 냉장고에 3시간 정도 넣으면 표면에 굳은 기름을 걷어내요.
5 냄비에 4의 육수 2컵, 소고기, 2의 메추리알과 조림장 재료를 넣고 졸여요.
6 마늘 3쪽은 편으로 썬 후 육수가 반으로 졸면 냄비에 넣고 육수를 자작하게 졸여 완성해요.

TIP
소고기 대신 닭고기, 돼지고기 등의 다른 육류로 조리하면 색다른 맛과 식감을 즐길 수 있어요.

1

2

3

4

5

6

2
인분

촉촉한 오징어채볶음

오징어채볶음은 간단한 것 같지만 부드럽게 만들기는 생각보다 쉽지 않아요.
오징어채를 볶기 전 마요네즈로 버무리면 부드럽게 만들 수 있습니다.
매콤달콤한 고추장 맛의 촉촉한 오징어채볶음은 사계절 식탁에 빠지지 않는 밑반찬이에요.

재료 Ingredients

오징어채 150g
마요네즈 3큰술
식용유 2큰술

양념장

고추장 2½큰술
올리고당 2큰술
맛술 2큰술
고춧가루 1큰술
간장 1큰술
설탕 1큰술
다진 마늘 1큰술
참기름 1큰술

만드는 방법 How to make

1 오징어채는 흐르는 물에 적신다는 느낌으로 살짝 씻은 후 전자레인지에 1분 정도 돌리고 마요네즈를 넣어 골고루 잘 버무려요.
2 그릇에 양념장 재료를 넣고 잘 섞어요.
3 달군 팬에 식용유를 두른 후 2의 양념장을 넣고 볶아요.
4 양념이 한 번 끓으면 불을 끄고 1의 오징어채를 넣은 후 골고루 버무려 완성해요.

4
인분

새우부추전

달달하고 쫄깃한 새우 살과 향긋한 부추로 반죽을 만들어 바삭하게 부친 새우부추전은 아이 간식으로 좋아요. 맛은 물론이고 칼슘, 타우린 그리고 칼륨이 풍부하게 들어 있어 영양이 가득한 건강한 요리예요.

재료 Ingredients

새우 200g
부침가루 60g
깻잎 10장
부추 1줌
홍고추 1개
달걀노른자 1개
찬물 1/3컵
식용유 적당량

소스

쪽파 15g
간장 3큰술
다진 양파 2큰술
물 1큰술
식초 1큰술
통깨 1큰술
설탕 1/3큰술

만드는 방법 How to make

1 부추는 1cm 길이로 썰고, 깻잎은 부추와 같은 크기로 얇게 채를 썰어요. 홍고추는 반으로 갈라 씨를 빼고 잘게 다져요. 새우는 껍질을 벗긴 후 먹기 좋게 다져요.
2 볼에 부침가루, 달걀노른자, 찬물을 넣고 잘 섞은 후 1의 재료를 넣고 섞어 반죽을 만들어요.
3 달군 팬에 식용유를 두른 후 2의 반죽을 먹기 좋은 크기로 한 숟가락씩 올려 노릇하게 부쳐요. 식용유를 둘러가면서 부쳐요.
4 쪽파를 송송 썬 후 소스 재료와 잘 섞어 곁들여 내요.

1

2

3

4

> **TIP**
> 말린 보리새우를 넣어 전을 부치면 바삭한 식감이 좋은 보리새우부추전이 됩니다. 부침가루가 없다면 밀가루 45g, 튀김가루 45g을 섞어서 대체할 수 있어요.

2
___
인분

건새우볶음

마른 반찬 중 하나인 건새우볶음은 냉장고에 일주일은 넉넉하게 보관할 수 있어요.
건새우만 볶아도 맛있지만 견과류를 더하면 새우에 부족한 영양소를
골고루 섭취할 수 있고 맛도 더욱 좋아져요.

재료 Ingredients

건새우 100g
호두 40g
땅콩 40g
식용유 4큰술
올리고당 2큰술
볶은 깨 1큰술

양념장
물 5큰술
간장 1큰술
맛술 1큰술

만드는 방법 How to make

1 그릇에 양념장 재료를 잘 섞어요.
2 달군 팬에 식용유를 두르고 건새우를 넣어 중불에서 3분 정도 노릇하게 볶아요.
3 1의 양념장과 호두, 땅콩을 넣고 1분 정도 볶다가 불을 끈 후 올리고당과 볶은 깨를 넣고 잘 버무려 완성해요.

1

2

3

"반찬은 맛과 영양을 충족시켜줄 뿐 아니라
식탁의 색감도 살아나게 해줘요.
식탁을 차릴 때 반찬의 색감을 생각하며 플레이팅 해보세요.
식탁이 더욱 화사해질 거예요."

고등어조림

포슬포슬 감자와 달큰한 무를 넣고 조린 고등어조림은 밥 한 공기 뚝딱 해치우게 하는 밥도둑이에요.
고등어는 기억력 향상에 좋고 뇌졸중, 치매, 심근경색 등을 예방하는 효과가 있어
건강한 밥상을 차리는 데에 빠질 수 없어요.

2 인분

재료 Ingredients

고등어 1마리
무 200g
양파 1개
청양고추 1/2개
대파 1/2대

육수
무 200g
마늘 5쪽
멸치(국물용) 10개
청양고추 1개
대파 1/2대

양념장
진간장 3큰술
고춧가루 3큰술
청주 2큰술
국간장 1큰술
고추장 1큰술
다진 마늘 1큰술
올리고당 1큰술
설탕 1/2큰술
참기름 1/2큰술
생강즙 약간
후춧가루 약간

만드는 방법 How to make

1 냄비에 육수 재료와 물 2L를 넣고 팔팔 끓인 후 체에 걸러 육수만 남겨요.
2 그릇에 양념장 재료를 잘 섞어요.
3 고등어는 머리와 꼬리, 지느러미, 내장을 제거해 흐르는 물에 깨끗이 씻은 후 먹기 좋게 4등분해요.
4 무는 1cm 두께로 나박하게 썰고, 양파는 채를 썰고, 대파와 청양고추는 어슷하게 썰어요.
5 냄비에 무를 깔고 1의 육수를 넣은 후 팔팔 끓여요. 무가 익으면 고등어, 양파, 양념장을 넣고 팔팔 끓이다 중불로 줄여 자작하게 졸여요.
6 국물이 자작해지면 대파와 청양고추를 넣고 2분 정도 더 끓여 완성해요.

TIP
고등어를 넣고 끓일 때 냄비 뚜껑을 덮고 졸여야 비린내를 잡을 수 있어요. 냄새가 걱정된다면 꽁치통조림으로 조리해보세요. 손질할 필요가 없어 조리 과정도 쉬워집니다. 매운맛이 힘들다면 청양고추를 생략해도 좋아요.

1

2

3

4

5

6

3
인분

치킨가라아게

일본식 닭튀김인 치킨가라아게는 감칠맛이 나는 육즙이 매력적인 튀김 요리예요.
튀김옷도 얇고 담백해 샐러드와 곁들여 먹으면 밥이 없어도 한 끼 식사가 돼요.
맥주와 함께 안주로 즐기기에도 손색이 없어요.

재료 Ingredients

닭다리 살 500g
전분가루 5큰술
식용유 적당량

밑간

간장 1큰술
양파즙 1큰술
맛술 1큰술
설탕 1/2큰술
생강가루 약간
후춧가루 약간

만드는 방법 How to make

1 닭다리 살은 껍질과 지방을 제거한 후 한입 크기로 잘라요.
2 볼에 1의 닭다리 살과 밑간 재료를 넣고 버무린 후 30분 정도 재워요.
3 2의 볼에 전분가루를 넣고 반죽이 골고루 묻도록 버무려요.
4 팬에 닭다리 살이 잠길 정도로 식용유를 부은 후 식용유가 170도 정도가 되면 닭다리 살을 넣고 튀겨요. 튀김이 완성되면 키친타월에 올려 기름기를 제거해 완성해요.

1

2

3

4

TIP

온도계가 없다면 식용유에 튀김옷을 약간 떨어트려보세요. 튀김옷이 밑바닥까지 가라앉았다 떠오르면 140도, 중간 정도에서 떠오르면 170도, 기름 위에서 흩어지면 200도 정도예요.

고구마닭간장조림

맛은 찜닭과 비슷하지만 요리 과정이 찜닭보다 간단해요.
닭고기는 냉동이 아닌 냉장 닭고기를 구입하세요. 냉동고기는 냉장고기에 비해
윤기와 탄력이 떨어질 뿐 아니라 영양소도 많이 손상되어 있어요.

재료 Ingredients

닭고기(윙봉) 300g
고구마(작은 것) 2개
페페론치노 2개
(또는 청양고추 1/2개)
대파 1대

밑간
청주 1큰술
다진 마늘 1/2큰술
생강즙 약간
후춧가루 약간

양념장
물 5큰술
진간장 3큰술
올리고당 2큰술
청주 1큰술
생강즙 약간
참기름 약간
통깨 약간

만드는 방법 How to make

1 닭고기는 흐르는 물에 잘 씻은 후 볼에 담아 밑간 재료와 버무려 30분 정도 재워요. 고구마는 깨끗이 씻어 껍질을 벗긴 후 한입 크기로 썰어요.
2 그릇에 양념장 재료를 섞어요.
3 냄비에 1의 고구마와 닭고기를 넣고 재료가 잠길 정도로 물을 부은 후 끓여요. 닭과 고구마가 익으면 물을 버려요.
4 냄비에 3의 닭고기와 고구마, 2의 양념장과 페페론치노를 넣고 졸여요. 대파를 3cm 크기로 썰어 넣은 후 조금 더 익혀 완성해요.

1

2

3

4

TIP
고구마 대신 애호박을 넣으면 달지 않고 담백하게 먹을 수 있어요. 양념장에 고춧가루 1큰술을 더해 조리하면 칼칼한 맛이 살아납니다.

연근조림

쫀득하게 잘 졸여진 연근조림은 밥반찬으로 그만이에요.
연근에는 비타민 C와 철분이 풍부해 빈혈에 좋고, 식이섬유가 풍부해서
다이어트에도 도움이 돼요. 또한 칼륨이 많아 고혈압에도 좋습니다.

2
인분

재료 Ingredients

연근 500g
마늘 4쪽
고추 2개
간장 1컵
올리고당 1컵
청주 1/4컵
식초 1큰술
참기름 1큰술
통깨 약간

만드는 방법 How to make

1 연근은 깨끗하게 씻어 껍질을 제거하고 얇게 슬라이스 해요. 고추는 어슷하게 썰고, 마늘은 얇게 편을 썰어요.
2 볼에 연근과 식초를 넣고 연근이 잠길 정도로 물을 부어요. 30분 정도 담가 쓴맛을 제거한 후 꺼내 물기를 제거해요.
3 냄비에 손질한 재료들을 모두 넣은 후 간장, 올리고당, 청주, 물 1/2컵을 넣고 강불에서 끓여요.
4 물이 끓어오르기 시작하면 중불로 줄인 후 양념이 자작하게 졸아들 때까지 끓여요. 참기름과 통깨를 뿌려 완성해요.

1

2

3

4

Recipe

3

색다른 음식이
먹고 싶을 때,
든든한

원플레이트 요리

매일 똑같은 일상이 반복되는 하루, 뭔가 특별한 하루를 보내고 싶지 않나요? 그럴 때는 냉장고 속 재료를 이용해 원플레이트 요리를 만들어보세요. 우리나라 요리뿐 아니라 일본, 이탈리아, 태국 등 다양한 나라의 원플레이트 요리를 만들면 마치 여행을 온 듯한 느낌도 받을 수 있습니다. 요리만으로도 일상이 조금 달라지는 것을 느낄 수 있어요.

> INTRO

매일 먹는 집밥도 멋스럽게, 집밥 플레이팅

우드 트레이 활용하기

요즘은 테이블 매트를 많이 활용해요. 린넨, 실리콘 등 재질도 다양해졌어요. 그중 나무로 된 우드 트레이를 활용해 보세요. 패브릭 테이블 매트보다 위생적이고 치울 때도 훨씬 간편해요.

드라이플라워로 장식하기

드라이플라워는 생화보다 오래가고 조화보다 우아하기 때문에 장식용으로 많이 사용하고 있어요. 공병에 작은 드라이플라워를 꽂아 식탁 위에 놓아보세요. 작은 변화지만 식탁이 더욱 멋스러워져요. 공기가 잘 통하는 창가나 베란다에서 꽃이 서로 붙지 않도록 낱개로 거꾸로 매달아 말리면 드라이플라워를 만들 수 있어요.

직접 만들고 맛있게 먹는 것도 좋지만, 예쁘게 차리는 것도 요리의 즐거움 중 하나예요.
요즘은 예쁜 주방 소품들이 많아 조금만 신경을 쓰면 멋스럽게 플레이팅 할 수 있어요.
디자이너 플레이트, 패브릭 등 다양한 키친웨어 브랜드숍에 들러 어떻게 플레이팅을 하는지 살펴보고
자신만의 감성이 담긴 플레이팅 노하우를 만들어보세요.

냄비와 팬 활용하기

예전에는 냄비와 팬으로 요리를 하고 예쁜 그릇에 담아 플레이팅을 했다면 요즘에는 냄비와 팬을 활용해 식탁을 꾸미기도 해요. 무쇠 냄비나 그릴 팬을 그대로 식탁에 올리면 그 자체로 세련된 플레이팅이 완성돼요. '스타우브', '르쿠르제'의 무쇠 냄비는 멋스러운 디자인으로 유명한 브랜드예요.

식탁을 예쁘게 만드는 식기와 소품

정갈하고 세련된 식기와 소품은 멋스러운 식탁에서 빠질 수 없는 도구예요. 화려한 무늬가 들어간 접시는 색이 단조로운 요리와 어울리고 흰색의 깔끔한 접시는 색감이 강한 요리를 돋보이게 해줘요. 개성 있는 수저받침을 놓아 식탁에 포인트를 줄 수도 있어요.

파인애플볶음밥

파인애플볶음밥은 우리나라 사람들이 아주 좋아하는 태국 요리 중 하나예요.
새콤달콤한 맛이 입 안에 가득 퍼지며 향긋한 파인애플 향을 느낄 수 있습니다.
파인애플에는 소화를 돕고 단백질을 분해하는 효능이 있어 육류와 함께 곁들이면 더욱 좋아요.

1
인분

재료 Ingredients

파인애플 1/2통
밥 1공기
새우 50g
햄 50g
대파 15g
청피망 1/4개
홍피망 1/4개
식용유 2큰술
굴소스 1큰술
소금 약간
후춧가루 약간

만드는 방법 How to make

1 반으로 자른 파인애플은 속을 파낸 후 과육은 먹기 좋은 크기로 깍둑썰기 해요.
2 청피망, 홍피망, 햄은 잘게 깍둑썰기 하고 대파는 송송 썰어요. 새우는 껍질을 벗겨요.
3 팬에 식용유를 두른 후 2의 대파를 넣고 볶다가 2의 새우와 햄, 피망, 그리고 1의 파인애플을 넣은 후 굴소스를 둘러 골고루 잘 볶아요.
4 재료가 익으면 밥을 넣고 강불에서 바싹 볶으며 소금과 후춧가루를 넣어 간을 맞춰요.
5 1의 속을 파낸 파인애플 통에 완성된 볶음밥을 보기 좋게 담아요.

1

2

3

4

5

2
인분

크림달래리소토

크림 향이 매력적인 크림리소토에 달래를 넣었더니 더욱 향긋해졌어요.
봄에는 달래나 냉이와 같은 채소를 넣으면 향이 더욱 풍부해집니다.

재료 Ingredients

달래 140g
양송이버섯 70g
쪽파 30g
치킨스톡 1개
쌀 1½컵
우유 1컵
생크림 1컵
파르메산 치즈 가루 1큰술
버터 1큰술
다진 마늘 ½큰술
허브솔트 약간
소금 약간
후춧가루 약간

만드는 방법 How to make

1 쌀은 물에 30분 정도 불려요.
2 양송이버섯은 얇게 슬라이스 하고, 달래는 깨끗이 손질해 잘게 썰어요. 치킨스톡은 물 1컵에 풀어 육수를 만들어요.
3 달군 팬에 버터와 다진 마늘을 넣고 볶다가 불린 쌀을 넣고 함께 볶아요. 쌀이 반투명해지면 치킨스톡 육수 1/2컵을 넣고 2분 정도 볶다가 나머지 1/2컵을 넣고 끓여요.
4 육수가 자작하게 졸아들면 유우와 생크림을 넣은 후 허브솔트, 소금, 후춧가루를 넣고 간을 맞추며 계속 끓여요.
5 소스와 밥이 끓기 시작하면 2의 달래, 양송이버섯과 파르메산 치즈 가루를 넣고 한소끔 더 끓여 소스를 자작하게 졸여요.

1

2

3

4

5

TIP
파르메산 치즈 가루가 없을 경우 일반 치즈 1장을 사용해도 됩니다. 치킨스톡이 없다면 닭 육수로 대체해도 좋아요.

해산물토마토리소토

마늘 향기가 살짝 느껴지는 매콤한 토마토리소토는 감칠맛이 좋아요.
여기에 해산물을 듬뿍 넣으면 바다 향기까지 느낄 수 있어요.
바쁠 때 해산물토마토리소토를 만들어 먹으면 마음이 여유로워지는 느낌이 들어요.

2
인분

재료 Ingredients

새우 4마리
오징어(몸통) 1마리
바지락 100g
페페론치노 4개
토마토소스(시판용) 2컵
쌀 1½컵
올리브오일 3큰술
다진 양파 3큰술
다진 마늘 2큰술
소금 약간
후춧가루 약간
파슬리 가루 약간

만드는 방법 How to make

1 쌀은 물에 30분 정도 불려요.
2 새우, 바지락, 오징어는 깨끗이 씻은 후 새우는 껍질을 까고 오징어는 1cm 폭으로 링 모양으로 썰어요. 냄비에 물을 넣은 후 손질한 해산물을 넣고 살짝 데쳐요. 이때 데치고 남은 물은 1컵 정도 남겨 육수로 사용해요.
3 달군 팬에 올리브오일을 두르고 다진 양파, 다진 마늘, 페페론치노를 넣고 볶다가 양파가 반투명해지면 1의 쌀을 넣고 볶아요.
4 쌀이 반투명해지면 2의 육수 1/2컵을 넣고 2분 정도 볶다가 남은 육수 1/2컵과 2의 해산물을 모두 넣고 볶아요.
5 육수가 자작하게 졸아들면 토마토소스와 후춧가루, 파슬리 가루를 넣고 쌀이 소스를 모두 흡수할 때까지 볶아요. 소금으로 간을 맞춰 완성해요.

1

2

3

4

5

TIP
토마토소스 대신 크림소스를 넣으면 해산물크림리소토를 만들 수 있어요.

2
인분

시금치페스토파스타

뽀빠이도 즐겨 먹었던 영양만점 시금치는 성장기 아이들과 임산부들에게 특히 좋아요.
샐러드로 만들어 먹어도 맛있는 시금치지만, 색다르게 페스토로 만들어 파스타로 만들면
건강하고 근사한 한 끼 식사가 돼요.

재료 Ingredients

스파게티 면 100g
시금치 100g
올리브오일 5큰술
생크림 3큰술
다진 마늘 1/2큰술
소금 1/2큰술
파르메산 치즈 가루 약간
후춧가루 약간

만드는 방법 How to make

1 냄비에 물 3컵과 소금 1/4큰술을 넣고 끓이다 시금치를 넣고 데친 후 건져내 찬물에 헹궈요. 이때 시금치 데친 물 3큰술은 남겨둡니다.
2 믹서에 **1**의 시금치와 시금치 데친 물 3큰술, 올리브오일 4큰술을 넣고 곱게 갈아요.
3 냄비에 물을 넣고 올리브오일 1/2큰술, 소금 1/4큰술을 넣은 후 물이 끓으면 스파게티 면을 넣고 7분 정도 삶아요.
4 달군 팬에 올리브오일 1/2큰술과 다진 마늘을 넣어 마늘이 노릇해질 때까지 볶다가 **2**의 시금치 간 것, 생크림, 후춧가루를 넣고 한소끔 끓입니다. 간이 부족하면 소금을 약간 뿌리고 **3**의 스파게티 면을 넣고 버무려요. 마무리로 파르메산 치즈 가루를 뿌려요.

TIP
기호에 따라 베이컨, 버섯, 새우 등을 넣어도 좋아요.

토마토소스미트볼

냉장고에 있는 자투리 채소들을 잘게 다져 고기와 함께
동그랗게 구운 미트볼은 색감이 예뻐 도시락 메뉴로도 좋아요.
미트볼은 파스타 면과 곁들이면 미트볼파스타, 빵에 넣어 먹으면 미트볼샌드위치가 됩니다.

2
인분

재료 Ingredients

다진 소고기 150g
다진 돼지고기 50g
양송이버섯 4개
달걀 1개
양파 1/4개
당근 1/4개
토마토소스(시판용) 2컵
빵가루 4큰술
청주 2큰술
올리브오일 2큰술
다진 마늘 1/2큰술
버터 1/2큰술
소금 약간
후춧가루 약간
파슬리 가루 약간
파르메산 치즈 가루 약간

채소 육수

대파 2대
양파 1/2개
당근 1/4개
월계수 잎 1장
물 3컵

만드는 방법 How to make

1. 냄비에 채소 육수 재료를 넣고 중불에서 30분 정도 끓여요.
2. 다진 소고기와 다진 돼지고기는 키친타월에 올린 후 청주와 후춧가루를 뿌려 밑간을 해요.
3. 양송이버섯, 양파, 당근은 아주 잘게 다진 후 달군 팬에 넣고 올리브오일 1큰술을 두른 후 소금과 후춧가루로 간을 해 달달 볶아요.
4. 볼에 3의 채소, 2의 다진 소고기와 다진 돼지고기, 다진 마늘, 달걀, 파슬리 가루, 빵가루를 넣고 부드러워질 때까지 치대요.
5. 4의 미트볼 반죽을 먹기 좋은 크기로 동그랗게 빚어요. 달군 팬에 올리브오일 1큰술과 버터를 두르고 중불에서 동그랗게 빚은 미트볼 표면이 노릇해질 때까지 익혀요.
6. 노릇해진 미트볼에 1의 채소 육수를 부은 후 미트볼이 모두 익을 때까지 끓여요. 토마토소스를 넣은 후 파르메산 치즈 가루, 후춧가루, 소금으로 기호에 맞게 간을 한 뒤 잘 버무려요.

TIP
토마토소스미트볼에 파스타 면을 넣은 후 모차렐라 치즈를 얹어 전자레인지에서 2분 30초 동안 조리하면 근사한 토마토미트볼파스타가 완성돼요.

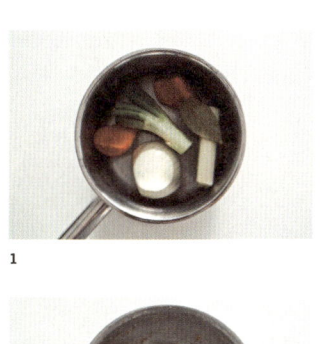
1

2

3

4

5

6

2
인분

연어오차즈케

오차즈케는 녹차에 밥을 말아먹는 일본 가정식 요리예요.
기호에 맞게 매실장아찌, 명란젓 등 다양한 고명을 얹어 먹을 수 있는데,
개인적으로 구운 연어를 얹은 담백한 연어오차즈케를 가장 좋아해요.

재료 Ingredients

밥 1공기
연어 50g
쪽파 15g
녹차 가루 1큰술
뜨거운 물 2½컵
식용유 2큰술
고추냉이 약간
허브솔트 약간
통깨 약간

만드는 방법 How to make

1 뜨거운 물에 녹차 가루를 섞어 녹차를 만들어요.
2 연어에 허브솔트를 뿌려 밑간을 한 후 달군 팬에 식용유를 두르고 연어를 앞뒤로 노릇하게 구워요. 다 익으면 먹기 좋은 크기로 잘라요.
3 밥그릇에 밥을 담고 2의 연어와 고추냉이를 올려요. 쪽파를 송송 썰어 뿌린 후 1의 녹차를 밥이 2/3 정도 잠길 만큼 붓고 통깨를 살짝 뿌려 완성해요.

1

2

3

TIP

녹차 가루가 없다면 녹차 티백으로 대신할 수 있어요. 연어는 캔연어, 허브솔트는 소금과 후추로 대체할 수 있어요.

오코노미야키

일본 오사카의 명물 요리 중 하나인 오코노미야키는 밀가루 반죽에 각종 해산물과
고기, 채소를 듬뿍 넣어 철판에서 구워내는 일본식 부침개예요.
냉장고에 있는 자투리 식재료로 만들 수 있어 야식이나 술안주로도 안성맞춤이에요.

2
인분

재료 Ingredients

양배추 100g
삼겹살 100g
칵테일새우 50g
쪽파 15g
가쓰오부시 1줌
달걀 1개
양파 1/2개
밀가루(부침개용) 1컵
찬물 1컵
오코노미야키 소스 2큰술
마요네즈 1큰술
식용유 적당량
후춧가루 약간

만드는 방법 How to make

1 양배추와 양파는 채를 썰고 쪽파는 송송 썰어요. 삼겹살은 얇게 슬라이스 해요.
2 볼에 밀가루, 찬물, 칵테일새우, 후춧가루와 1의 양배추, 양파, 쪽파 10g을 넣고 잘 섞어요.
3 달군 팬에 식용유를 두르고 2의 반죽을 동그랗게 펴고 1의 삼겹살을 올려요. 가운데에 달걀을 풀고 1의 쪽파 5g을 뿌려요.
4 아랫면이 노릇하게 익으면 뒤집어서 익혀요.
5 모두 익으면 오코노미야키 소스와 마요네즈를 반죽 위에 펴 바른 후 가쓰오부시를 뿌려 완성해요.

1

2

3

4

5

TIP
오코노미야키 소스가 없다면 돈가스 소스나 데리야키 소스로 대신해도 좋아요.

1
인분

샐러드우동

탱탱한 굵은 면이 특징인 우동은 따뜻한 국물에 넣어 먹어도 맛있지만,
새콤한 드레싱과 싱싱한 채소를 곁들여 샐러드로 만들면 색다른 맛을 느낄 수 있습니다.
입맛이 없을 때 가볍게 만들어 즐겨보세요.

재료 Ingredients

우동 면 200g
쪽파 15g
깻잎 5장
양상추 1줌
달걀 1개
레몬 1/8개
소금 약간

드레싱
쯔유(또는 진간장) 2큰술
식초 1큰술
올리브오일 1큰술
들기름 1큰술
다진 마늘 1/2큰술
설탕 1/2큰술

만드는 방법 How to make

1 깻잎과 양상추는 얇게 채를 썬 후 식감을 살리기 위해 얼음물에 담가요.
2 쪽파는 송송 썰고, 레몬은 2등분해요. 냄비에 물을 넣고 달걀과 소금을 넣은 후 삶아서 꺼내고 냉수에 담가요. 달걀을 완전히 식힌 후 껍질을 벗기고 2등분해요. 달걀반숙은 끓는 물에서 7분, 완숙은 끓는 물에서 12분 동안 끓여요.
3 드레싱 재료를 잘 섞어요.
4 우동 면은 끓는 물에 2분간 데치고 찬물에 헹군 후 물기를 제거해요.
5 볼에 양상추, 깻잎, 우동 면, 드레싱 재료를 넣고 버무려요.
6 그릇에 5를 옮겨 담은 후 그 위에 삶은 달걀, 쪽파, 레몬을 얹어 완성해요.

TIP
검은 깨를 뿌리면 더욱 고소해져요. 새우, 베이컨, 방울토마토, 파프리카 등을 얹어도 잘 어울립니다.

1

2

3

4

5

6

1
인분

팟타이

새콤달콤한 맛이 매력적인 팟타이는 태국식 볶음 면 요리예요.
쫄깃한 쌀국수와 신선한 고명, 그리고 고소한 땅콩의 조합은
우리나라 사람들이 아주 좋아합니다.

재료 Ingredients

쌀국수 면 100g
칵테일새우 50g
숙주 50g
땅콩 15g
쪽파 15g
달걀 1개
치킨스톡 1/3개
양파 1/4개
팟타이 소스 1/4컵
식용유 2큰술

만드는 방법 How to make

1 쌀국수 면은 4시간 동안 찬물에 불리고 양파는 채를 썰어요.
2 달군 팬에 식용유를 두르고 양파를 중불에서 볶다가 칵테일새우를 넣고 더 볶아요. 치킨스톡은 물 1/3컵에 풀어 육수를 만들어요.
3 양파와 칵테일새우가 노릇하게 익으면 1의 쌀국수 면과 2의 치킨스톡 육수를 넣고 면이 육수를 모두 흡수할 때까지 볶아요.
4 육수가 모두 졸아들면 땅콩을 잘게 부수어 뿌리고 팟타이 소스와 달걀을 풀어 볶아요.
5 쪽파를 송송 썬 후 숙주와 함께 넣고 살짝 볶아 완성해요.

1

2

3

4

5

1
인분

카오팟 무

태국식 돼지고기 볶음밥으로 팟타이와 함께 우리나라에서 인기 있는 요리 중 하나예요.
카오팟은 재료에 따라 이름이 바뀌는데, 돼지고기가 들어가면 '카오팟 무',
새우가 들어가면 '카오팟 꿍'이라고 부릅니다.

재료 Ingredients

밥 1공기
다진 돼지고기 150g
숙주 50g
대파 1대
달걀 1개
홍고추 1개
당근 1/4개
식용유 2큰술
청주 1큰술
굴소스 1큰술
설탕 1큰술
멸치액젓 1큰술
소금 약간
후춧가루 약간

만드는 방법 How to make

1 다진 돼지고기와 청주, 후춧가루를 버무려 밑간을 해요.
2 당근은 얇게 채를 썰고, 홍고추와 대파는 송송 썰어요. 숙주는 흐르는 물에 씻어요.
3 달군 팬에 식용유와 대파를 넣고 볶아 파기름을 만든 후 1의 돼지고기와 2의 당근, 홍고추, 그리고 굴소스, 설탕, 멸치액젓을 넣고 볶아요.
4 돼지고기와 채소가 모두 익으면 달걀을 풀어 넣고 저으며 볶은 후 밥을 넣고 볶아요. 끝으로 2의 숙주를 넣고 살짝 볶아 완성해요. 부족한 간은 소금과 후춧가루로 맞춰요.

1

2

3

4

TIP
돼지고기 대신 해산물 등을 이용해 자신만의 카오팟을 만들어보세요. 멸치액젓 대신 다른 액젓들을 사용해도 좋지만, 새우액젓은 건더기가 많아 사용하지 않아요.

2
인분

해산물파에야

스페인의 전통 요리인 파에야는 여러 가지 해산물과 채소를 넣어 만들어 우리나라의 돌솥밥과도 비슷해요. 토마토파에야, 크림파에야 등 다양한 맛과 스타일로 만들 수 있어요.

재료 Ingredients

- 홍합 8마리
- 새우 4마리
- 오징어(몸통) 1마리
- 베이컨 2줄
- 치킨스톡 1개
- 양파 1/2개
- 토마토 1/2개
- 레몬 1/2개
- 청피망 1/3개
- 홍피망 1/3개
- 쌀 1½컵
- 올리브오일 5큰술
- 다진 마늘 1큰술
- 파슬리 가루 약간

만드는 방법 How to make

1. 쌀은 30분 정도 물에 불린 후 물기를 제거해요.
2. 베이컨은 먹기 좋은 크기로 썰고, 청피망과 홍피망은 얇게 채를 썰고 양파와 토마토는 굵게 다져요.
3. 새우는 깨끗이 씻어 수염과 내장만 제거하고, 홍합은 깨끗이 손질하고, 오징어는 내장을 제거한 후 링 모양으로 썰어요.
4. 달군 팬에 올리브오일을 두르고 다진 마늘을 넣어 노릇하게 볶다가 양파와 베이컨을 넣고 볶아요.
5. 베이컨과 양파가 노릇하게 익으면 불린 쌀을 넣고 반투명해질 때까지 볶다가 치킨스톡과 물 2컵을 넣고 뚜껑을 덮은 후 약불에서 10분 정도 끓여요.
6. 쌀이 거의 익으면 3의 해산물과 2의 피망, 토마토를 올린 후 뚜껑을 덮고 약불에서 10분 정도 물기가 없어질 때까지 끓인 후 불을 끄고 10분 동안 뜸을 들여요. 레몬을 2등분해 올리고 파슬리 가루를 뿌려 완성해요.

TIP
팬 바닥이 약간 누룽지처럼 될 정도로 조리하면 더욱 맛있어요.

1

2

3

4

5

6

"외국 드라마나 영화에 등장하는 요리
또는 해외여행에서 맛보았던 요리를 직접 만들어보세요.
먹을 때마다 그때 느꼈던 감동이 떠오를 거예요."

야키소바

일본의 볶음 면 요리인 야키소바는 쫄깃한 해물이
듬뿍 들어가 있어 우리나라 사람들도 참 좋아해요.
일본 영화나 드라마에 항상 등장하는 요리이기 때문에 우리에게도 친숙해요.

2
인분

재료 Ingredients

칵테일새우 6마리
오징어(몸통) 1/4마리
메밀 면 80g
가쓰오부시 1줌
대파 1/2대
파프리카 1/2개
양파 1/4개
오코노미야키 소스(시판용) 4큰술
식용유 2큰술
소금 약간
후춧가루 약간

만드는 방법 How to make

1 오징어는 껍질과 내장을 제거한 후 칼집을 내어 먹기 좋은 크기로 썰어요. 양파와 파프리카는 채를 썰고, 대파는 송송 썰어요.
2 끓는 물에 메밀 면을 삶은 후 얼음물로 헹궈요.
3 달군 팬에 식용유 두르고 칵테일새우, 오징어, 양파, 파프리카를 넣고 볶다가 소금, 후춧가루, 오코노미야키 소스 3큰술을 넣고 마저 볶아요.
4 재료들이 모두 익으면 메밀 면과 오코노미야키 소스 1큰술을 넣고 다시 볶아요. 가쓰오부시를 올려 완성해요.

TIP
마요네즈를 곁들이면 더욱 고소해져요.

1
인분

오야코동

일본식 덮밥 요리로 달걀과 닭고기를 주재료로 만들어요.
일본어로 부모를 뜻하는 '오야'와 자식을 뜻하는 '코'가 합쳐진 말로,
닭과 달걀이 한데 담겨 있다는 뜻이에요.

재료 Ingredients

밥 1공기
닭 다리살 80g
쪽파 15g
다시마(3×5cm) 1장
달걀 1개
양파 1/4개
쯔유 2큰술

만드는 방법 How to make

1 달걀은 표면을 깨끗하게 씻고, 닭 다리살은 한입 크기로 자르고, 양파는 얇게 채를 썰어요. 찬물 1/2컵에 다시마를 30분 동안 담가 다시마 물을 만들어요.
2 냄비에 1의 다시마 물과 쯔유를 넣고 강불에서 끓이다 1의 닭 다리살, 양파를 넣고 중불에서 끓여요. 달걀은 그릇에 곱게 풀어요.
3 닭 다리살과 양파가 모두 익으면 2의 달걀을 부은 후 불을 끄고 뚜껑을 덮어 달걀을 살짝 익혀요.
4 밥 위에 3을 얹은 후 쪽파를 송송 썰어 올려요.

TIP
더욱 담백한 맛을 원하면 닭 다리살 대신 닭 가슴살을 넣어보세요. 쯔유가 없으면 멸치 다시마 육수 1/2컵에 청주 2큰술, 간장 1½큰술, 설탕 1/2큰술을 더해 소스를 만들어요.

2
인분

콩나물비빔국수

더운 여름에는 시원한 국수만 한 요리도 없죠. 그중에서도 콩나물비빔국수는
아삭한 콩나물의 식감과 새콤한 소스가 어우러져 더위에 잃어버린 입맛을 찾아줍니다.
콩나물은 섬유질이 풍부해 소화에 좋고 100g 당 30kcal밖에 하지 않아 가볍게 먹기에도 좋아요.

재료 Ingredients

콩나물 100g
중면 150g
달걀 1개
깻잎 2장
당근 1/4개
양파 1/4개
검은깨 약간
소금 약간

양념장

고추장 4큰술
식초 2큰술
매실청 2큰술
설탕 1큰술
간장 1큰술
참기름 1큰술
다진 마늘 1/4큰술

만드는 방법 How to make

1 양념장 재료를 잘 섞은 후 냉장고에 넣어 하루 동안 숙성시켜요.
2 냄비에 물을 넣고 달걀과 소금을 넣은 후 12분 정도 삶아서 꺼내고 냉수에 담가 달걀을 완전히 식힌 후 껍질을 벗기고 2등분해요. 깻잎, 당근, 양파는 얇게 채를 썰고 콩나물은 찜기에서 2분 동안 찐 후 얼음물에 헹구고 참기름과 소금을 넣어 간을 해요.
3 끓는 물에 중면을 넣어 삶은 후 얼음물로 헹궈요. 볼에 중면을 담은 후 **2**의 채소와 **1**의 양념장을 넣고 버무려요.
4 그릇에 담은 후 삶은 달걀을 올리고 검은깨를 뿌려 완성해요.

TIP
열무김치, 백김치와 같이 시원한 맛이 일품인 김치를 고명으로 올리면 더욱 맛있어요.

2
인분

살얼음 동동 냉메밀국수

짭조름한 육수에 면과 고명을 올려 먹는 냉메밀국수는 여름에 즐기기 좋아요.
더위를 날려주는 살얼음 육수는 밀폐 비닐에 담아 냉동 보관하면
집에서도 언제든 만들 수 있습니다.

재료 Ingredients

메밀 면 200g
양배추 50g
무 30g
쪽파 30g
무순 10g
달걀 1개
양파 1/2개
오이 1/2개
물 2½컵
쯔유 1컵
고추냉이 약간
소금 약간

만드는 방법 How to make

1 쯔유와 물을 섞어 밀폐 비닐에 담아 냉동실에 1시간 정도 넣어두세요. 살얼음이 생겨 시원한 육수가 됩니다. 기호에 따라 쯔유와 물의 비율을 1:2, 또는 1:3으로 해도 됩니다.
2 무는 강판에 갈아 무즙을 만들어요. 양배추, 양파, 오이는 얇게 채를 썬 후 얼음물에 넣어 아삭한 식감이 나도록 해주세요.
3 메밀 면은 끓는 물에 5분 정도 삶은 후 찬물로 씻어 쫄깃한 식감이 나도록 해주세요. 냄비에 물을 넣고 달걀과 소금을 넣은 후 12분 정도 삶아서 꺼내고 냉수에 담가 달걀을 완전히 식힌 후 껍질을 벗겨요.
4 그릇에 3의 면을 넣은 후 삶은 달걀을 2등분해 올리고 쪽파를 송송 썰어 뿌려요. 2의 양배추, 양파, 오이, 무즙을 가지런히 놓은 후 무순을 깨끗이 다듬어 올리고 1의 살얼음이 생긴 육수를 부어요. 기호에 따라 고추냉이를 적당히 넣어 완성해요.

1

3

4

Recipe

4

위로가 필요할 때,
내 몸을
가볍게 해주는

힐링 요리

컨디션이 좋지 않을 때, 스트레스가 쌓일 때는 맛있는 요리로 기분 전환을 할 수 있어요. 다이어트가 필요할 때는 가벼운 샐러드, 감기 기운이 감돌 때는 따뜻한 수프, 입맛이 없을 때는 과일토스트 등 몸과 마음에 힐링이 필요할 때는 요리만 한 것이 없습니다. 신선한 재료로 나와 소중한 사람을 위한 힐링 요리를 만들어보세요. 우울한 기분은 사라지고 행복한 하루가 시작될 거예요.

> INTRO

건강한 샐러드와 어울리는 드레싱

1
이탈리안 드레싱

올리브오일과 식초로 만든 기본 드레싱이에요. 양상추샐러드, 파스타샐러드와 잘 어울려요.

재료 올리브오일 7큰술, 다진 양파 3큰술, 발사믹 식초 3큰술, 바질 1/2큰술, 레몬즙 1/2큰술, 소금 약간, 후춧가루 약간

2
발사믹 오일 드레싱

레스토랑의 식전 빵과 주로 등장하는 드레싱으로 잘 구운 빵에 곁들이기 좋아요. 토마토나 치즈가 들어간 샐러드와 잘 어울려요.

재료 올리브오일 150ml, 발사믹 식초 3½큰술, 다진 양파 2/3큰술, 올리고당 1/2큰술, 다진 마늘 1/3큰술, 소금 약간, 후춧가루 약간

3
과일 요구르트 드레싱

플레인 요구르트를 베이스로 하여 키위, 딸기, 파인애플, 복숭아 등 다양한 재료로 맛을 더할 수 있어요. 새콤달콤한 맛 때문에 오일 드레싱이 익숙하지 않은 아이와 어른 모두 맛있게 먹을 수 있어요.

재료 플레인 요구르트 1개, 다진 과일 3큰술, 올리고당 1큰술, 레몬즙 1/4큰술

4
프렌치 드레싱

이탈리안 드레싱과 비슷한 맛으로 샐러드오일과 식초를 베이스로 만들어요. 생선 요리에 곁들이는 채소샐러드와 잘 어울려요.

재료 샐러드오일 250ml, 다진 양파 2큰술, 식초 1큰술, 디종 머스터드소스 1/4큰술, 다진 마늘 1/4큰술, 소금 약간, 후춧가루 약간

샐러드는 칼로리는 낮지만 영양소와 섬유질이 풍부해 한 끼 식사로도 좋아요.
이런 샐러드를 더욱 맛있게 즐기기 위해서는 드레싱 선택이 중요해요.
시판 드레싱을 사용해도 좋지만 자주 만드는 샐러드와 어울리는 드레싱은 직접 만들어 사용해보세요.

1 참깨 드레싱

참깨를 갈아 고소한 맛이 좋은 드레싱이에요. 쌀국수샐러드, 양배추샐러드 등과 잘 어울려요.

재료 통깨 100g, 땅콩버터 50g, 물 70ml,, 올리브오일 50ml,, 레몬즙 2큰술, 폰즈소스 2큰술, 진간장 2큰술, 설탕 1/2큰술

2 오리엔탈 드레싱

간장을 베이스로 만드는 드레싱으로 두부샐러드, 차돌박이샐러드 등 한식 샐러드와 잘 어울려요.

재료 식초 2½큰술, 간장 2큰술, 올리브오일 2큰술, 다진 마늘 1큰술, 레몬즙 1/4큰술, 후춧가루 약간, 통깨 약간

3 시저 드레싱

시저샐러드와 곁들이는 드레싱으로 마요네즈를 베이스로 하고 있어요. 기호에 따라 생크림을 넣으면 더욱 부드러워져요.

재료 마요네즈 500ml, 화이트와인 식초 1큰술, 레몬즙 1큰술, 다진 파슬리 1큰술, 파르메산 치즈 파우더 1큰술, 다진 마늘 1/2큰술, 다진 케이퍼 1/2큰술, 다진 안초비 1/2큰술, 소금 약간, 후춧가루 약간

4 사우전드 아일랜드 드레싱

마요네즈와 케첩이 주재료로 그린샐러드와 같은 채소샐러드에 곁들여요.

재료 삶은 달걀 1개, 마요네즈 5큰술, 다진 양파 3큰술, 다진 피클 3큰술, 케첩 2큰술, 레몬즙 1/2큰술, 소금 약간, 후춧가루 약간

2
인분

새우푸실리샐러드

푸실리는 파스타 면의 종류 중 하나로 꼬불꼬불한 나사 모양을 하고 있어요.
파스타는 탄수화물은 풍부하지만 비타민과 단백질이 부족하기 때문에
단백질이 풍부한 새우와 비타민이 풍부한 채소와 함께 샐러드로 만들면 아주 좋아요.

재료 Ingredients

푸실리 면 200g
칵테일새우 10마리
어린잎채소 1줌
오이 1/2개
소금 1/2큰술

드레싱

잣 6큰술
레몬즙 3큰술
우유(또는 물) 2큰술
설탕 2큰술
식초 2큰술
소금 1/4큰술
후춧가루 약간

만드는 방법 How to make

1 어린잎채소는 흐르는 물에 깨끗이 씻고 오이는 얇게 슬라이스 한 후 아삭한 식감을 위해 얼음물에 담가요.
2 믹서에 드레싱 재료를 넣고 곱게 갈아요.
3 칵테일새우는 끓는 물에 데친 후 찬물로 씻어요.
4 끓는 물에 소금과 푸실리 면을 넣고 12분 정도 끓인 후 찬물로 씻어요.
5 볼에 4의 푸실리 면, 3의 칵테일새우, 1의 채소, 2의 드레싱을 넣고 잘 버무려 완성해요.

1

2

3

4

5

TIP
깔끔한 맛을 좋아한다면 오리엔탈 드레싱 또는 발사믹 드레싱으로 대체해도 좋아요.

1
인분

아보카도토마토토스트

아보카도는 기네스북에 가장 영양가 많은 과일로 오를 만큼 몸에 좋아요.
유럽에서는 토스트와 함께 아침식사로 즐겨먹는 재료예요.
아보카도만 얹어도 충분히 맛있지만 토마토를 곁들이면 더욱 신선한 맛을 느낄 수 있어요.

재료 Ingredients

아보카도 1/2개
토마토 1/2개
캄파뉴(또는 식빵) 1조각
소금 약간
후춧가루 약간

만드는 방법 How to make

1 아보카도는 깨끗이 씻은 후 가운데 동그란 씨앗을 따라 반으로 잘라 씨를 분리하고 껍질을 벗겨요.
2 토마토는 깨끗이 씻은 후 얇게 슬라이스 하고, 아보카도도 같은 두께로 슬라이스 해요.
3 팬 또는 토스트기에 캄파뉴를 살짝 구운 후 아보카도와 토마토를 가지런히 올리고 소금과 후춧가루를 뿌려 완성해요.

1

2

3

TIP
아보카도는 껍질이 초록색에서 보라색으로 변할 때가 가장 맛있어요. 부드러운 식감을 원하면 토마토를 빼고 아보카도를 으깬 후 빵에 얹어요. 여기에 바질씨드, 치아씨드와 같은 섬유질이 풍부한 씨앗을 뿌려내면 멋진 플레이팅이 완성됩니다.

4
인분

코울슬로

네덜란드어로 차가운 양배추를 뜻하는 'Koolsla'에서 유래된 코울슬로는 잘게 썬 양배추와 여러 가지 채소를 넣어 마요네즈 드레싱에 버무린 샐러드예요. 주로 치킨, 피자, 햄버거 등 기름진 음식에 곁들이거나 샌드위치로 만들어 먹어요.

재료 Ingredients

양배추 250g
캔 옥수수 150g
양파 1/4개
홍피망 1/4개
당근 1/4개
파슬리 가루 약간

드레싱
마요네즈 5큰술
허니머스터드소스 1큰술
식초 1큰술
레몬즙 1큰술
설탕 1/2큰술
후춧가루 약간

만드는 방법 How to make

1 양배추, 양파, 홍피망, 당근은 잘게 다져 얼음물에 담갔다 뺀 후 체에 걸러 물기를 제거해요.
2 캔 옥수수는 체에 걸러 물기를 제거해요.
3 그릇에 드레싱 재료를 넣고 잘 섞어요.
4 볼에 준비된 재료와 드레싱을 모두 넣고 잘 버무린 후 파슬리 가루를 약간 뿌려 완성해요.

TIP
기호에 따라 맛살, 오이 등을 넣으면 색다른 맛을 즐길 수 있어요.

멕시칸샐러드

담백한 닭고기와 신선한 채소의 조화가 좋은 멕시칸 스타일의 샐러드예요.
냉장고에 있는 자투리 채소를 활용해 간단하게 만들 수 있어요.
특히 차가운 맥주와 잘 어울려 늦은 밤, 한잔할 때 좋은 요리예요.

2 인분

재료 Ingredients

닭 가슴살 250g
햄 50g
양상추 5장
샐러리 1대
방울토마토 6개
삶은 달걀 1개
양파 1/2개
빨간 파프리카 1/2개
파란 파프리카
당근 1/4개
허브솔트 약간

드레싱
마요네즈 6큰술
토마토케첩 1큰술
레몬즙 1큰술
식초 약간
후춧가루 약간

만드는 방법 How to make

1 드레싱 재료를 잘 섞어요.
2 닭 가슴살은 허브솔트를 뿌려 밑간을 하고 팬에 구운 후 얇게 슬라이스 해요.
3 햄, 양파, 당근은 얇게 채를 썰고, 빨간 파프리카, 파란 파프리카, 양상추는 먹기 좋은 크기로 썰어요.
4 샐러리는 어슷하게 썰고 방울토마토는 2등분해요. 삶은 달걀은 흰자와 노른자를 분리해 노른자는 체에 갈아 가루로 만들고, 흰자는 먹기 좋은 크기로 썰어요.
5 접시에 채소와 달걀흰자를 담고 닭 가슴살을 올린 후 달걀노른자를 뿌려요. 드레싱을 곁들여 내요.

1

2

3

4

5

맥앤치즈

미국의 소울푸드 중 하나로 마카로니에 치즈를 녹여 만든 요리에요.
열량은 높지만 짭조름하고 걸쭉한 치즈가 밴 마카로니를 한입 먹으면
입안을 꽉 채우는 풍미에 자꾸 생각나게 하는 맛이에요.

2
인분

재료 Ingredients

마카로니 200g
체더 치즈 150g
우유 1컵
버터 1큰술
밀가루 1큰술
소금 약간
후춧가루 약간
파슬리 가루 약간

만드는 방법 How to make

1 냄비에 물과 소금을 넣고 끓인 후 마카로니를 넣고 7분 정도 삶은 후 물기를 제거해요.
2 달군 냄비에 버터를 넣고 중불에서 녹인 후 밀가루를 풀어 루를 만들어요. 우유를 넣고 3분 정도 끓이다 체더 치즈를 넣고 한소끔 끓여 걸쭉하게 만들어요.
3 마카로니를 2의 냄비에 넣고 소금과 후춧가루로 간을 한 후 오븐용 용기에 담아요.
4 180도로 예열한 오븐에 넣고 15분 정도 노릇하게 구워요. 파슬리 가루를 뿌려 완성해요.

TIP
기호에 따라 베이컨, 브로콜리, 양파, 청양고추 등 다양한 재료를 함께 넣어 만들면 더욱 맛있는 맥앤치즈가 완성돼요.

2
―――
인분

그린샐러드

싱싱한 채소들로 만든 그린샐러드는 비타민 C와 식이섬유가 풍부해
피부 미용과 피로 회복에 좋아요. 아삭한 식감의 채소와 새콤한 요구르트 드레싱은
입맛을 돋워주기 때문에 애피타이저 요리로 좋아요.

재료 Ingredients

어린잎채소 100g
치커리 30g
양상추 5장
방울토마토 10개
블랙올리브 3개
후춧가루 약간

드레싱

플레인 요구르트 6큰술
마요네즈 1큰술
꿀 1큰술
레몬즙 1큰술
소금 약간

만드는 방법 How to make

1 드레싱 재료를 잘 섞어요.
2 블랙올리브는 얇게 슬라이스 하고, 방울토마토는 2등분해요.
3 양상추와 치커리는 먹기 좋은 크기로 자르고 어린잎채소와 함께 얼음물로 씻어낸 후 물기를 제거해요. 접시 위에 손질한 재료들을 모두 담은 후 드레싱을 뿌려 완성해요.

1

2

3

TIP

그릴에 구운 닭 가슴살 또는 소고기를 얹어내면 메인 샐러드, 과일이나 젤리를 올리면 디저트 샐러드가 돼요. 기호에 따라 치즈를 올려도 좋아요.

불고기파스타샐러드

차갑게 즐기는 파스타샐러드는 여름철 별미예요.
시원하고 탱글탱글한 면발과 상큼한 드레싱은 입맛을 돋워줘요.
여기에 불고기를 곁들이면 단백질이 보충되는 영양식이 탄생돼요.

2
인분

재료 Ingredients

소고기(불고기용) 200g
스파게티 면 200g
양상추 100g
방울토마토 5개
양파 1/4개
식용유 2큰술
소금 1/2큰술

양념
진간장 3큰술
설탕 1½큰술
참기름 1큰술
다진 마늘 1/2큰술
다진 양파 1/2큰술
후춧가루 약간

드레싱
간장 4큰술
식초 1큰술
설탕 1큰술
깨소금 1큰술
참기름 1/2큰술
레몬즙 약간

만드는 방법 How to make

1 소고기는 한입 크기로 자른 후 양념 재료와 잘 버무려 1시간 정도 재워요.
2 방울토마토와 양상추는 깨끗이 씻어 방울토마토는 2등분하고, 양상추는 한입 크기로 썰어요. 양파는 채를 썬 후 얼음물에 담가 아린 맛을 제거해요.
3 드레싱 재료를 잘 섞어요. 드레싱 재료 대신 오리엔탈 드레싱 5큰술로 대체해도 돼요.
4 달군 팬에 식용유를 두르고 1의 소고기를 넣은 후 표면이 노릇해질 때까지 볶아요.
5 끓는 물에 스파게티 면과 소금을 넣고 8분 정도 삶은 후 스파게티 면을 꺼내 차가운 물로 씻어요.
6 볼에 5의 스파게티 면과 2의 채소와 3의 드레싱을 넣고 잘 버무린 후 4의 불고기를 올려 완성해요.

> **TIP**
> 스파게티 면을 손가락으로 쥐었을 때 엄지와 검지의 첫마디에서 만나는 정도의 양이 1인분입니다.

1

2

3

4

5

6

2
인분

그릭샐러드

그릭샐러드는 이름 그대로 그리스에서 즐겨먹는 여름 샐러드예요.
그리스 현지에서는 '호리아티키(horiatiki)'로 불려요.
신선한 채소들과 고소한 페타 치즈가 어우러져 깔끔하고 시원한 맛이 일품이에요.

재료 Ingredients

블랙올리브 10개
토마토 2개
오이 1개
노란 파프리카 1/2개
빨간 파프리카 1/2개
페타 치즈 적당량
오레가노 가루 약간

드레싱

올리브오일 4큰술
화이트와인 식초 2큰술
레몬즙 1큰술
소금 약간
후춧가루 약간

만드는 방법 How to make

1 오이, 노란 파프리카, 빨간 파프리카, 토마토는 깍둑썰기 하고 블랙올리브는 2등분해요.
2 드레싱 재료를 잘 섞어요.
3 볼에 1의 재료를 담고 페타 치즈를 원하는 양만큼 올린 후 드레싱을 붓고 잘 섞어요. 오레가노 가루를 뿌려 완성해요.

1

2

3

TIP

드레싱의 올리브 향이 강하다고 느껴지면 올리고당 2큰술을 드레싱에 섞어보세요.
페타 치즈가 너무 짜면 우유에 30분 정도 담갔다 사용하세요. 짠맛이 덜해집니다.
오레가노는 지중해 요리에 널리 쓰이는 허브로 박하 향이 나요.

"기운이 없을 때일수록
직접 요리를 만들어보세요.
요리는 활력을 되찾아주기도 해요."

2
인분

굴라시

헝가리의 전통 요리로 소고기와 채소를 함께 끓인 스튜예요.
살짝 매콤하면서도 부드럽기 때문에 우리나라 여행객이 헝가리에서 해장 음식으로 즐긴다고 합니다.
잘 구운 빵과 함께 내면 파티 요리로도 손색이 없어요.

재료 Ingredients

소고기 안심 225g
양송이버섯 150g
감자 2개
비프스톡 1개
당근 1/2개
양파 1/2개
홍피망 1/2개
물 3컵
파프리카 가루 2큰술
다진 마늘 1큰술
식용유 1큰술
밀가루 1/2큰술
토마토소스(시판용) 1/2큰술
소금 약간
파슬리 가루 약간

만드는 방법 How to make

1 소고기는 먹기 좋은 크기로 썰고 양송이버섯은 얇게 슬라이스 해요. 양파와 홍피망은 잘게 다지고 당근과 감자는 한입 크기로 썬 후 모서리를 깎아 둥글게 만들어요.
2 달군 팬에 식용유를 두르고 중불에서 1의 채소와 다진 마늘, 소금을 넣고 15분 동안 볶아요.
3 볶던 채소를 접시에 덜어낸 후 1의 소고기를 팬에 넣고 볶다가 밀가루와 파프리카 가루를 넣고 1분 동안 볶아요.
4 팬에 2의 채소와 토마토소스를 넣고 볶다가 비프스톡과 물을 넣고 약불에서 1시간 동안 뭉근히 끓여요. 파슬리 가루를 뿌려 완성해요.

TIP
비프스톡이 없다면 양지머리사태 육수로 대체해도 돼요.

$\dfrac{2}{\text{인분}}$

클램차우더

미국의 대표적인 수프 요리 중 하나로 조개와 채소가 가득 들어간 담백한 조개수프예요.
짭조름한 크래커를 부숴 수프와 곁들이면 고소한 맛이 배가 돼요.

재료 Ingredients

바지락 살 100g
베이컨 3줄
마늘 2쪽
감자 1개
샐러리 1개
양파 1/2개
우유 1컵
생크림 1컵
밀가루 1큰술
올리브오일 2큰술
소금 약간
후춧가루 약간

만드는 방법 How to make

1 베이컨은 한입 크기로 썰고 감자는 깍둑썰기 해요. 양파와 샐러리는 잘게 다지고 마늘은 편으로 썰어요.
2 냄비 또는 팬에 올리브오일을 두른 후 마늘을 넣고 볶다가 베이컨과 감자를 넣고 함께 볶아요.
3 감자가 투명해지면 양파와 샐러리를 넣고 볶다가 밀가루를 넣고 볶아요. 생크림과 우유를 넣고 소금과 후춧가루로 간을 해서 중불에서 끓여요.
4 끓어오르기 시작하면 바지락 살을 넣고 저어가며 걸쭉해질 때까지 끓여요.

TIP
빠네 빵의 속을 파내고 클램차우더를 담아보세요. 더욱 먹음직스러운 빠네클램차우더가 완성됩니다.

2
인분

게살수프

입맛을 돋우는 데 게살수프만큼 좋은 것이 없어요.
추운 겨울이나 감기가 걸린 날에 만들어보세요.
부드러운 게살수프 한 그릇이면 뱃속부터 따뜻해지는 느낌이 들어요.

재료 Ingredients

게살 30g
대파 1/2대
팽이버섯 1/2개
달걀흰자 1개
치킨스톡 1개
녹말가루 1큰술
소금 약간
후춧가루 약간

만드는 방법 How to make

1 팽이버섯은 밑동을 자르고 잘게 찢어요. 게살은 잘게 찢고, 대파는 세로로 채를 썰어요. 달걀은 흰자만 따로 분리해요.
2 냄비에 치킨스톡과 물 2½컵을 넣고 끓이다 1의 팽이버섯, 게살, 대파를 넣고 끓여요.
3 그릇에 물과 녹말을 1:1 비율로 넣고 잘 저어 녹말물을 만들어요. 2의 육수가 끓어오르면 소금과 후춧가루로 간을 한 후 녹말물 1큰술을 넣어 걸쭉하게 끓여요.
4 달걀흰자를 천천히 넣으면서 저은 후 한소끔 더 끓여 완성해요.

TIP
흰밥 1공기를 넣어 같이 끓이면 영양만점 게살죽이 완성돼요. 치킨스톡이 없다면 닭 육수로 대체해도 돼요.

2
인분

홍합스튜

시원한 육수가 일품인 홍합스튜는 추운 겨울에 먹기 좋은 메뉴예요.
여기에 바게트 빵을 곁들여 우아하게 즐길 수도 있어요.
그냥 쪄서 먹기만 해도 맛있는 홍합은 감칠맛이 풍부해 천연 조미료로도 많이 쓰입니다.

재료 Ingredients

홍합 700g
마늘 2쪽
대파 1/2대
월계수 잎 1장
방울토마토 5개
페페론치노 3개
양파 1/4개
물 1½컵
화이트와인 2큰술
올리브오일 1큰술
소금 약간
후춧가루 약간

만드는 방법 How to make

1 홍합은 흐르는 물로 깨끗이 씻어 껍데기에 붙은 이물질과 수염을 제거해요.
2 대파는 어슷하게 썰고, 마늘은 얇게 편으로 썰고, 양파는 잘게 다지고, 방울토마토는 잘게 썰어요.
3 달군 팬에 올리브오일을 두르고 마늘을 넣은 후 중불에서 향이 올라올 때까지 볶다가 양파와 대파를 넣어 함께 볶아요. 홍합, 방울토마토와 화이트와인, 페페론치노를 넣고 볶아요.
4 홍합이 모두 익으면 물과 월계수 잎을 넣고 한소끔 끓여요. 소금과 후춧가루로 간을 해 완성해요.

TIP
방울토마토와 물 대신 생크림과 우유를 1:1 비율로 섞어서 넣으면 고소한 홍합크림스튜가 돼요.

Recipe

5

여 유 를
즐 기 고 싶 은 날 ,
홈 카 페

브런치 요리

피곤한 일상 후 찾아온 주말은 정말 황금 같은 시간이에요. 아침 일찍 일어나 바쁘게 보내는 것도 좋지만, 왠지 주말은 이불 속에 오래오래 있고 싶어지기도 해요. 여유롭게 즐기고 싶은 주말 오전, 느지막이 일어나 브런치 요리를 만들어보세요. 여기에 쌉싸래한 커피 또는 상큼한 에이드를 곁들이면 상쾌한 오전을 보낼 수 있어요. 브런치 요리는 오후에 홈카페로 즐길 수도 있어요.

> INTRO

브런치와 함께 즐기는 음료

커피 내리기

원두커피, 더치커피 등 요즘은 가정에서도 풍미가 좋은 커피를 쉽게 즐길 수 있어요. 드리퍼 위에 여과지를 깔고 뜨거운 물을 부어내리는 핸드드립이 번거롭다면 간단히 커피를 추출하는 기구를 이용해보세요. 프렌치프레스는 간단히 커피를 내릴 수 있을 뿐 아니라 휴대하기도 간편해요. 프렌치프레스는 프레스 안에 갈아낸 원두를 넣은 후 원두 양만큼의 물을 넣고 30초 후 물을 조금 더 넣어요. 3분 정도 지난 후 프레스를 눌러 원두가루와 커피 추출액을 분리하면 간편하게 커피를 내릴 수 있어요.

브런치 요리에 빠질 수 없는 것이 바로 음료예요.
시판 음료도 좋지만, 직접 커피를 내린다거나 과일청을 담가 에이드를 만들어보세요.
음료만으로 브런치 식탁이 더욱 풍성해짐을 느낄 수 있어요.

수제 음료 만들기

라임청, 자몽청, 레몬청 등 여유가 있을 때 과일청을 담가 음료를 만들어보세요. 탄산수에 기호만큼 과일청을 넣으면 홈메이드 과일 에이드를 만들 수 있어요. 얼음을 띄우면 더욱 시원하게 즐길 수 있습니다. 탄산수와 라임청을 섞은 후 소량의 애플민트를 손으로 살짝 비벼 넣으면 알콜이 없는 모히토를 만들 수도 있어요.

차 우려내기

TWG, 트윙스, 위터드 오브 첼시, 로네펠트, 니나스 파리, 딜마 등 향과 맛이 좋은 차 브랜드가 많이 있어 다양하게 즐길 수 있어요. 잎차를 우려내면 더욱 깊은 맛을 느낄 수 있지만 티포트, 찻잔, 티스푼, 티 스트레이너 등의 기본 도구를 갖추어야 해요. 이런 도구가 없다면 티백으로 간단히 만들어보세요. 녹차뿐 아니라 라벤더, 마테, 루이보스, 다즐링, 아쌈, 우롱 등 다양한 티백차 종류가 있습니다.

스페니시오믈렛

따뜻하게 잘 구워진 스페니시오믈렛은 도톰한 모습만 봐도 정말 먹음직스럽습니다.
달걀과 자투리 채소만 있으면 금방 만들 수 있어 브런치나 간식으로 좋아요.

2
인분

재료 Ingredients

베이컨 2장
달걀 6개
방울토마토 5개
감자 1개
양파 1/2개
피망 1/2개
식용유 2큰술
소금 약간
후춧가루 약간

만드는 방법 How to make

1 감자는 아주 얇게 슬라이스 하고, 양파와 피망은 채를 썰어요. 방울토마토는 2등분해요.
2 베이컨은 먹기 좋은 크기로 자른 후 팬에 넣고 바삭하게 구워요.
3 팬에 식용유를 두른 후 감자를 넣고 투명해질 때까지 볶다가 양파를 넣고 노릇해질 때까지 볶아요.
4 양파와 감자가 모두 익으면 베이컨, 피망, 방울토마토를 넣고 볶은 후 오븐용 용기에 옮겨 담아요. 달걀을 풀어 섞은 후 소금과 후춧가루로 간을 하여 150도로 예열한 오븐에서 30분 동안 구워요.

1

2

3

4

> **TIP**
> 냉장고에 있는 자투리 채소들을 활용해 나만의 스페니시오믈렛을 만들어보세요. 기호에 따라 파르메산 치즈 또는 각종 소스와 곁들이면 더욱 좋습니다. 팬으로 조리할 경우 팬 뚜껑을 덮고 중약불에서 천천히 익혀 완성해요.

2 인분

토마토브루스케타

토마토브루스케타는 토마토를 맛있게 즐길 수 있는 요리 중 하나예요.
담백하고 깔끔한 맛이 좋아 브런치로 제격이지요.
과정도 간단해 누구든 쉽게 만들 수 있습니다.

재료 Ingredients

토마토 1개
바게트 빵 1/4개
올리브오일 2½큰술
다진 양파 1큰술
레몬즙 1/2큰술
소금 약간
파슬리 가루 약간
후춧가루 약간

만드는 방법 How to make

1 바게트 빵은 1cm 두께로 썰어 올리브오일 1큰술을 바르고 파슬리 가루를 뿌린 후 팬에 넣고 앞뒤로 노릇하게 구워요.
2 토마토는 굵게 다진 후 올리브오일 1½큰술, 다진 양파, 레몬즙과 함께 잘 섞고 소금과 후춧가루로 간을 해요.
3 1의 바게트 빵 위에 2의 토마토를 먹기 좋게 얹어 완성해요.

1

2

3

TIP
브루스케타는 토마토뿐 아니라 볶은 버섯, 구운 새우 등 다양한 토핑을 얹어 즐길 수 있어요.

2
인분

오징어샐러드

샐러드로 한 끼 식사를 해결하기에 부족한 날은 오징어를 구워 올려보세요.
쫄깃한 오징어의 식감과 아삭한 채소의 식감이 잘 어우러져
포만감뿐 아니라, 씹는 맛도 느낄 수 있어요.

재료 Ingredients

오징어 1마리
양상추 6장
토마토 1개
양파 1/4개
식용유 2큰술
버터 1큰술
설탕 1/2큰술
소금 약간
후춧가루 약간

드레싱
식초 4큰술
올리브유 1큰술
설탕 1큰술
다진 마늘 1/4큰술
바질 가루 약간
소금 약간
후춧가루 약간

만드는 방법 How to make

1 오징어는 몸통과 다리를 분리한 후 내장을 제거하고 깨끗이 씻어요. 몸통의 한쪽 면만 칼집을 내요.
2 토마토는 깍둑썰기를 하고, 양상추는 굵게 채를 썰어요. 양파는 굵게 다진 후 얼음물에 담가 아린 맛을 제거해요. 볼에 손질한 채소와 드레싱 재료를 넣고 잘 섞어요.
3 달군 팬에 식용유를 두른 후 오징어를 넣고 중불에서 노릇하게 구워요. 오징어가 어느 정도 익으면 버터, 설탕, 소금, 후춧가루를 넣고 버터가 모두 녹을 때까지 구워요.
4 접시에 드레싱으로 버무린 채소와 잘 구운 오징어를 올려 완성해요.

1

2

3

4

4
인분

방울토마토마리네이드

바게트 빵과 곁들이면 든든한 한 끼 식사가 되어
주말 아침에 여유롭게 즐기기 좋은 요리예요.
저녁에 와인, 치즈와 함께 내면 홈파티 요리로도 부족함이 없어요.

재료 Ingredients

방울토마토 25개
양파 1/4개
월계수 잎 2장
파슬리 가루 약간

소스

올리브오일 3큰술
발사믹식초 2큰술
레몬즙 1큰술
설탕 약간
소금 약간
후춧가루 약간

만드는 방법 How to make

1 양파는 잘게 다진 후 찬물에 30분 정도 담가 아린 맛을 빼내요.
2 방울토마토는 꼭지를 떼고 윗부분에 십자 모양으로 칼집을 내서 끓는 물에 10초 정도 데친 후 껍질을 제거해요.
3 볼에 1의 양파, 2의 방울토마토와 소스 재료, 파슬리 가루, 월계수 잎을 넣고 잘 섞은 후 냉장고에 1시간 정도 숙성해 완성해요.

1

2

3

1
인분

호두아몬드프렌치토스트

고소한 호두와 아몬드, 달콤한 바나나, 그리고 쫄깃한 프렌치토스트를 시럽과 곁들여
예쁘게 플레이팅 하면 눈까지 사로잡는 근사한 브런치 요리가 완성돼요.
여기에 쌉싸래한 커피가 함께하면 여유로운 브런치 타임을 즐길 수 있어요.

재료 Ingredients

식빵 2장
아몬드 20g
호두 20g
바나나 1개
달걀 1개
식용유 2큰술
메이플 시럽
(또는 핫케이크 시럽) 적당량
소금 약간
설탕 약간
파슬리 가루 약간

만드는 방법 How to make

1 볼에 달걀을 푼 후 파슬리 가루, 소금, 설탕을 넣고 잘 섞어 달걀물을 만든 후 식빵을 달걀물에 앞뒤로 잘 적셔요. 달군 팬에 식용유를 두르고 식빵을 올려 노릇하게 구워요.
2 호두와 아몬드는 잘게 다지고, 바나나는 세로로 2등분해요.
3 접시에 **1**의 토스트, **2**의 호두, 아몬드, 바나나를 놓은 후 월계수 잎을 올리고 메이플 시럽을 뿌려 완성해요.

1

2

3

TIP
아이스크림을 얹으면 더욱 달콤한 맛을 느낄 수 있어요.

에그베네딕트와 홀랜다이즈소스

미국의 대표적인 브런치 요리로 잉글리시 머핀 위에 얹은 수란에
부드러운 홀랜다이즈소스를 뿌려 먹는 요리예요. 재료에 따라 이름이 바뀌는데, 훈제 연어를 넣으면
에그헤밍웨이 또는 에그벤자민, 베이컨과 슬라이스 토마토를 넣으면 에그블랙스톤이라고 불러요.

2
인분

재료 Ingredients

시금치 1줌
잉글리시 머핀 2개
달걀 2개
베이컨 4줄
식초 3큰술
올리브오일 2큰술
버터 2큰술
소금 약간
후춧가루 약간

홀랜다이즈소스
버터 100g
달걀노른자 2개
화이트와인 5큰술
레몬즙 1/2큰술
올리브오일 1/3큰술
소금 약간

만드는 방법 How to make

1 달군 팬에 올리브오일을 두르고 시금치를 넣어 숨이 죽을 정도로만 살짝 익혀요.
2 베이컨에 후춧가루를 뿌린 후 팬에 넣고 노릇하게 구워요.
3 잉글리시 머핀은 버터를 두른 팬에 넣고 앞뒤로 살짝 구운 후 반으로 잘라요.
4 수란을 만들기 위해 냄비에 물과 식초와 소금을 넣고 끓여요. 물은 살짝 기포가 올라오는 정도로 온도를 맞춘 후 숟가락으로 원을 그려 회오리를 만들고 달걀을 풀어 넣으면 수란이 만들어져요.
5 접시에 잉글리시 머핀을 놓고 그 위에 베이컨, 시금치, 수란 순서로 놓은 후 홀랜다이즈소스를 뿌려 완성해요.

홀랜다이즈소스 만들기

1 볼에 달걀노른자, 올리브오일, 레몬즙, 화이트와인, 소금을 잘 넣고 섞어요.
2 버터를 중탕으로 녹인 후 1의 볼에 버터를 조금씩 넣어가며 거품기로 살살 저어서 완성해요.

1

2

1

2

3

4

5

4
인분

새우타코

요즘 다양한 멕시코 요리가 인기를 끌고 있어요.
그중에서도 타코는 사람들이 가장 선호하는 요리예요.
만들기 어려워 보이지만 재료만 준비되어 있으면 집에서도 쉽게 만들 수 있어요.

재료 Ingredients

새우 200g
양상추 6장
토르티야 4장
망고 1개
파히타 믹스 파우더 2큰술

살사소스

아보카도 1개
토마토 1/2개
양파 1/4개
설탕 1큰술
레몬즙 1큰술
소금 약간
후춧가루 약간
파슬리 가루 약간

만드는 방법 How to make

1 아보카도, 토마토, 양파는 잘게 깍둑썰기 한 후 레몬즙, 설탕, 후춧가루, 소금, 파슬리 가루와 잘 섞어 살사소스를 만들어요.
2 새우는 깨끗이 손질한 후 껍질을 제거하고 파히타 믹스 파우더로 양념해 재워요. 양상추는 잘게 채를 썰고, 망고는 잘게 깍둑썰기 해요.
3 달군 팬에 새우를 넣고 익혀요.
4 팬에 토르티야를 넣고 노릇하게 구운 후 양상추, 살사소스, 망고, 새우 순서로 올려 완성해요.

> **TIP**
> 파히타 믹스 파우더는 멕시코 요리에 많이 쓰이는 양념으로 닭고기, 소고기, 새우 등을 양념할 때 사용해요. 새우 대신 소고기 또는 닭고기를 파히타 믹스 파우더에 재운 후 그릴에 구워 대체해보세요. 망고 대신 냉장고에 있는 자투리 과일들을 넣어도 좋아요.

1 인분

김치브리또

브리또는 우리에게 친숙한 쌀이 들어가 한 끼 식사로도 좋은 요리예요.
소고기 또는 닭고기 대신 김치볶음밥으로 속을 채워 넣으면
이국적이면서도 친숙한 브런치 요리가 탄생합니다.

재료 Ingredients

토르티야 2장
밥 1/3공기
배추김치 50g
모차렐라 치즈 10g
캔참치 1/2캔
설탕 1/4큰술
진간장 1/4큰술
고추장 1/2큰술
식용유 1/2큰술

만드는 방법 How to make

1 잘 익은 배추김치는 잘게 썬 후 설탕, 진간장, 고추장과 섞어 양념해요.
2 달군 팬에 식용유를 두른 후 1의 배추김치를 넣고 중불에서 볶다가 캔참치를 넣고 볶아요. 밥을 넣고 재료와 잘 섞이게 한 번 더 볶아요.
3 토르티야 위에 2의 김치볶음밥을 올리고 그 위에 모차렐라 치즈를 얹은 후 토르티야의 양쪽 끝을 접고 돌돌 말아요. 토르티야 표면에 칼집을 내요.
4 달군 팬에 3의 토르티야를 올린 후 표면이 모두 노릇해질 때까지 약불에서 골고루 익혀 완성해요.

1

2

3

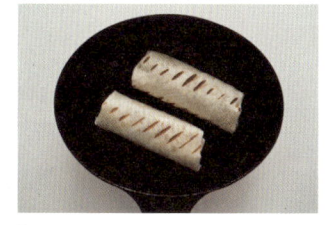
4

TIP
김치볶음밥이 아닌 다른 볶음밥과 치즈를 넣으면 색다른 맛이 나요.

4
인분

알감자버터구이

고소하고 짭조름하게 구운 알감자에 바삭한 베이컨을 곁들이면 든든한 브런치 요리가 돼요.
알감자에 있는 칼륨이 나트륨 배출을 돕고 칼로리도 낮아 부담 없이 즐길 수 있어요.

재료 Ingredients

알감자 500g
베이컨 3줄
버터 2큰술
설탕 1큰술
소금 1/3큰술

만드는 방법 How to make

1 알감자는 깨끗이 씻어 냄비에 물과 함께 넣은 후 삶아요.
2 달군 팬에 베이컨을 올려 바삭하게 구운 후 5cm 길이로 잘라요.
3 2의 팬에 1의 알감자와 버터, 설탕, 소금을 넣고 노릇하게 구워 완성해요.

1

2

3

TIP
어린 시금치 잎과 오리엔탈 드레싱을 뿌려보세요. 색감이 더해져 플레이팅이 멋스러워요.

2
인분

시금치버섯오믈렛

시금치버섯오믈렛은 해외 브런치 카페에서 가장 인기 있는 메뉴 중 하나예요. 비타민 A, 식이섬유, 엽산 등이 풍부한 시금치와 소화 작용에 뛰어난 양송이버섯이 만나 영양만점 건강 요리가 되었어요. 영양과 소화가 중요한 늦은 아침 식사로 이만한 요리가 없습니다.

재료 Ingredients

시금치 50g
양송이버섯 50g
파르메산 치즈 10g
파슬리 가루 10g
달걀 2개
물 2큰술
식용유 1큰술
소금 약간
후춧가루 약간

만드는 방법 How to make

1 달걀, 물, 소금, 후춧가루를 섞어 달걀물을 만들어요.
2 시금치는 흐르는 물에 깨끗이 씻어 물기를 제거하고 뿌리 부분을 잘라요. 양송이버섯은 4등분해요.
3 중불로 달군 팬에 식용유를 두른 후 양송이버섯을 넣고 1분 동안 볶다가 시금치를 넣고 숨이 죽을 때까지 볶은 후 그릇에 담아요.
4 팬에 1의 달걀물을 넣고 1/3 정도 익으면 3의 채소를 넣어요. 파르메산 치즈와 파슬리 가루를 뿌리고 반으로 접은 후 마저 익혀 완성해요.

1

2

3

4

"신선한 재료로 요리를 하면
마음까지 상쾌해져요.
좋은 재료를 찾아
맛있는 요리를 만들어보세요.
기분 좋은 하루가 될 거예요."

2
인분

크랜베리참치샌드위치

캔참치는 DHA의 함량이 높아 아이들 간식, 피크닉, 반찬 등 여러 요리에 자주 사용돼요.
새콤달콤한 크랜베리를 더해 색다른 참치샌드위치를 만들어보았어요.
담백하고 든든해 바쁠 때 식사 대신 즐길 수 있어요.

재료 Ingredients

크랜베리 15g
양상추 6장
식빵 4장
캔참치 1캔
오이피클 4개
토마토 1/2개
양파 1/3개
마요네즈 3큰술
머스터드소스 약간
후춧가루 약간

만드는 방법 How to make

1 캔참치는 기름, 오이피클은 물을 꾹 짜낸 후 잘게 다져요. 양파도 잘게 다져요.
2 볼에 1의 재료와 크랜베리, 마요네즈, 후춧가루를 넣고 잘 버무려요.
3 식빵은 팬 또는 토스트기에 넣어 살짝 굽고, 양상추는 식빵 크기로 썰고, 토마토는 슬라이스 해요. 구운 식빵 1장 위에 머스터드소스를 얇게 펴 바르고 그 위에 양상추와 토마토, 2의 참치를 소복하게 담고 나머지 식빵 1장을 덮어요.

1

2

3

TIP
파프리카, 사과 등 냉장고에 있는 재료들을 잘게 썰어 넣으면 더욱 맛있게 즐길 수 있어요.

Recipe

6

특별한 날,
감동을 주는

파티 요리

두근두근, 홈파티 날이 하루하루 다가오고 있어요. 간편하게 배달 음식을 시켜도 좋지만, 가끔은 솜씨를 발휘해 직접 요리를 만들어보세요. 손이 많이 가지 않는 파티 요리도 많기 때문에 처음부터 힘들 거라는 생각은 버리고 도전해보세요. 정성이 가득 담긴 파티 요리를 내놓으면 손님들은 더욱 대접받는 기분이 들어요. 요리와 어울리는 술과 음료를 내놓으면 분위기가 한층 무르익어요.

INTRO
분위기와 맛을 더욱 풍부하게 해주는 와인

약간의 술은 파티 분위기를 더욱 좋게 해줘요.
그중 와인은 식사와 함께 가볍게 즐기기 좋은 술이에요.
예전에는 고급술로 분류가 되었지만 요즘에는 마트나 편의점에서 저렴하게
구입할 수 있기 때문에 즐기는 사람이 더욱 많아졌어요. 와인은 크게 4종류가 있어요.

화이트와인   케이크, 디저트, 생선 요리와 같은 가벼운 식사를 할 때 즐기기 좋아요. 달콤한 맛의 화이트와인은 피자, 파스타, 치즈, 디저트 등과 어울리고, 산뜻한 맛의 화이트와인은 해산물 요리의 비린 맛을 잡아줘요.

레드와인   고기 요리와 잘 어울리는 와인입니다. 드라이한 레드와인은 소고기스테이크와 잘 어울려요. 부드러운 레드와인은 닭고기와 돼지고기 요리에 곁들이기 좋습니다.

로제와인   분홍빛의 포도주인 로제와인(뱅 로제)은 맛이 화이트와인에 가까워요. 그렇기 때문에 화이트와인에 어울리는 생선 요리나 디저트와 함께하기 좋은 와인입니다.

스파클링와인   당분과 효모를 첨가한 와인으로 톡 쏘는 달콤한 맛 때문에 여성들이 좋아하는 와인이에요. 애피타이저 와인으로 주로 마셔요. 칵테일을 만들기에도 좋습니다.

갈비찜

우리나라 손님 요리에 빠질 수 없는 것이 갈비찜이에요.
쫄깃한 식감은 남녀노소 누구나 좋아해 집들이, 돌잔치, 생일 등 어떤 기념일에도 어울려요.
와인과 곁들여 분위기를 내기에도 아주 좋아요.

4
인분

재료 Ingredients

소갈비 1kg
대추 10알
표고버섯 5개
당근 1개
양파 1개
대파 1대

양념

마늘 4쪽
대파 1/2대
양파 1/2개
키위 1/2개
배 1/4개
간장 1컵
설탕 1/2컵
참기름 5큰술
후춧가루 약간

만드는 방법 How to make

1 소갈비는 찬물에 4~5시간 정도 담가 핏물을 **빼요**.
2 당근은 큼직하게 썰어 모서리를 둥글게 다듬고, 표고버섯은 갓만 남겨 십자 모양으로 칼집을 내요. 양파는 먹기 좋은 크기로 썰고 대파는 어슷하게 썰어요. 대추는 깨끗이 씻어요.
3 양념 재료를 믹서에 넣어 곱게 갈아요.
4 끓는 물에 1의 소갈비를 넣고 15분 정도 삶아 불순물을 없앤 후 소갈비를 삶은 물 2컵만 남겨요. 3의 양념장과 소갈비를 잘 버무린 후 4시간 정도 냉장 보관해 양념이 잘 배도록 해요.
5 4의 소갈비와 소갈비 삶은 물 2컵을 냄비에 넣고 중불에서 40분 정도 끓이다가 2의 당근을 넣고 중불에서 20분을 끓여요. 2의 양파, 표고버섯, 대추, 대파를 넣고 약불에서 10분 정도 더 끓여 완성해요.

1

2

3

4

5

TIP

완성된 갈비찜은 국물만 따로 그릇에 따라내어 국물을 담은 그릇을 냉동실에 2시간 정도 넣어둔 후 굳은 기름을 제거해요. 냄비에 기름을 제거한 국물, 갈비, 채소들을 넣은 후 중약불에서 한소끔 더 끓여요. 깔끔한 맛을 즐길 수 있어요.

2
인분

코코뱅

닭고기와 채소를 와인으로 조린 프랑스 요리예요.
겨울에 어울리는 요리이기 때문에 연말연시의 파티 요리로 아주 좋아요.
좋은 재료가 가득 들어 있어 보양식으로도 좋습니다.

재료 Ingredients

닭고기(볶음탕용) 1마리
베이컨 3줄
양송이버섯 10개
당근 1개
양파 1개
치킨스톡 1개
월계수 잎 1장
레드와인 1병
물 2/3컵
청주 3큰술
올리브오일 2큰술
밀가루 1½큰술
다진 마늘 1큰술
버터 1큰술
소금 약간
후춧가루 약간

만드는 방법 How to make

1 베이컨과 양파는 먹기 좋은 크기로 썰고, 당근은 한입 크기로 자른 후 모서리를 둥글게 다듬고, 양송이버섯은 4등분해요.
2 닭고기는 흐르는 물에 깨끗이 씻은 후 볼에 넣고 청주, 소금, 후춧가루를 뿌려서 30분 동안 재워요.
3 달군 팬에 올리브오일 1큰술을 두르고 베이컨을 넣어 바삭해질 때까지 중불에서 볶은 후 꺼내요. 베이컨 기름이 남은 상태에서 2의 닭고기를 넣고 겉면이 모두 노릇해질 때까지 익혀요.
4 달군 냄비에 올리브오일 1큰술을 두르고 1의 당근과 양파를 넣고 약 5분 동안 중불에서 볶다가 다진 마늘을 넣고 1분 정도 더 볶아요. 3의 닭고기와 베이컨, 월계수 잎, 치킨스톡을 넣고 재료가 모두 잠길 때까지 레드와인을 부은 후 40분 동안 중불에서 끓여요.
5 닭고기가 모두 익으면 상온에서 녹인 버터와 밀가루를 양념된 국물에 섞은 후 1의 양송이버섯을 넣고 15분 정도 약불에서 한소끔 더 끓여 완성해요.

1

2

3

4

5

감바스알아히요

스페인에서 식사 전 술과 곁들여 간단히 먹는 요리를 타파스라고 해요.
타파스의 한 종류인 감바스알아히요는 마늘과 함께 올리브오일에 구운 새우 요리입니다.
파티 시작 전 애피타이저로 내어 파티의 시작을 알려보세요.

2
인분

재료 Ingredients

새우 10마리
페페론치노 5개
마늘 4쪽
올리브오일 1/2컵
소금 약간
후춧가루 약간

만드는 방법 How to make

1 새우는 껍질을 벗기고 머리와 내장을 제거해 깨끗이 씻은 후 물기를 제거하고 소금과 후춧가루를 뿌려 밑간을 해요. 마늘은 얇게 편으로 썰어요.
2 팬에 올리브오일을 넣고 달군 후 마늘과 페페론치노를 넣고 익혀요.
3 마늘이 노릇하게 익으면 1의 새우를 넣어요. 새우가 익으면 소금으로 간을 해 완성해요.

1

2

3

"좋은 사람들을 집으로 초대해
맛있는 요리를 함께 만들어
식탁을 차려보세요.
파티가 더욱 즐거워져요."

4
인분

클래식 이탈리아파스타샐러드

가장 기본이 되는 이탈리아파스타를 차갑게 샐러드로 만들었어요.
파스타샐러드에는 먹기 편한 푸실리 면이 어울립니다.
채소를 가득 넣어 신선하게 즐겨보세요.

재료 Ingredients

푸실리 면 120g
모차렐라 치즈 50g
페페로니(슬라이스) 50g
방울토마토 10개
블랙올리브 10개
이탈리안 드레싱 4큰술
소금 1/2큰술
설탕 1/4큰술

만드는 방법 How to make

1 방울토마토와 페페로니는 2등분하고, 블랙올리브는 얇게 편으로 썰어요.
2 끓는 물에 소금과 푸실리 면을 넣고 10분 동안 삶아 알덴테로 익힌 후 찬물에 헹구고 물기를 제거해요.
3 볼에 모차렐라 치즈를 잘게 찢어 넣고, 푸실리 면, 방울토마토, 페페로니, 블랙올리브를 넣어요. 이탈리안 드레싱과 설탕을 넣어 잘 버무려 완성해요.

1

2

3

TIP

알덴테는 채소나 면을 익힐 때 너무 부드럽거나 물컹거리지 않아 씹는 촉감이 느껴지는 상태를 말해요. 파스타 면을 삶았을 때 단단함이 살짝 느껴질 정도예요. 이탈리안 드레싱은 162페이지를 참고하여 만들어요. 시판용 드레싱을 사용해도 괜찮아요.

1
인분

수제 비프버거

신선한 채소와 두툼한 소고기 패티를 넣어 건강한 수제 버거를 만들어보세요.
여기에 와인이나 맥주를 곁들이면 간단하게 홈파티를 즐길 수 있어요.

재료 Ingredients

다진 소고기 100g
베이컨 2장
슬라이스 체더 치즈 1장
오이피클 4개
햄버거 빵 1개
양파 1/2개
토마토 1/4개
올리브오일 2큰술
버터 1큰술
마요네즈 1큰술
바비큐소스 1큰술

밑간

청주 1/2큰술
소금 1/4큰술
다진 마늘 1/2큰술
후춧가루 약간

만드는 방법 How to make

1 볼에 다진 소고기와 밑간 재료를 넣고 찰기가 생길 때까지 치댄 후 햄버거 빵보다 조금 더 큰 사이즈로 패티를 만들어요.
2 토마토는 두툼하게 슬라이스 하고, 양파는 얇게 채를 썰어요. 중불로 달군 팬에 버터를 둘러 양파를 넣고 노릇해지도록 구워요.
3 햄버거 빵을 반으로 잘라 양파를 구운 팬에 넣고 안쪽면만 살짝 구워요.
4 달군 팬에 올리브오일을 두르고 소고기 패티를 올려 중불에서 앞뒤로 노릇하게 굽고 베이컨을 넣어 바삭해질 때까지 구워요.
5 햄버거 빵 밑면에 마요네즈를 바르고 그 위에 소고기 패티, 바비큐소스, 구운 양파, 슬라이스 체더 치즈, 오이피클, 토마토, 베이컨 순서로 올려 완성해요.

1

2

3

4

5

4
인분

미트로프

미트로프는 다진 고기를 식빵 모양으로 구운 요리를 말해요.
어려워 보이지만 의외로 만드는 방법은 간단해요.
파티 날, 미트로프를 내어 테이블을 풍성하게 만들어보세요.

재료 Ingredients

다진 소고기 250g
다진 돼지고기 250g
식빵 1장
달걀 1개
양파 1/4개
파르메산 치즈 1/4컵
프레시 파슬리 1/4컵
토마토소스(시판용) 1/4컵
우유 2½큰술
다진 마늘 1큰술
소금 1/4큰술
후춧가루 1/4큰술

만드는 방법 How to make

1 양파와 프레시 파슬리는 잘게 다지고, 파르메산 치즈는 그레이터로 갈아요. 식빵은 아주 잘게 찢어 우유에 적셔요.
2 볼에 다진 소고기, 다진 돼지고기, 달걀, 1의 우유에 적신 식빵, 다진 양파, 다진 파슬리, 파르메산 치즈, 소금, 후춧가루를 넣고 재료들이 잘 섞이도록 부드럽게 치대요.
3 오븐용 틀에 2의 반죽을 살살 담은 후 175도로 예열한 오븐에 넣어 50분 동안 구워요.
4 다 익은 미트로프를 꺼내 기름은 버리고 토마토소스를 윗면에 펴 바른 후 다시 오븐에 넣어 10분 동안 더 익혀 완성해요.

3
인분

레몬소스닭고기튀김

닭고기튀김은 파티 날 빠질 수 없는 요리예요.
상큼한 레몬소스가 자칫 느끼할 수도 있는 튀김의 기름 맛을 잡아줘요.
닭고기튀김은 어떤 술과도 잘 어울려 술안주로도 손색이 없어요.

재료 Ingredients

닭고기 안심살 300g
달걀흰자 2개
레몬 1개
우유 1컵
녹말 6큰술
물 6큰술
설탕 4큰술
생강즙 1큰술
간장 1/2큰술
식용유 적당량
굵은 소금 적당량
소금 약간
후춧가루 약간

만드는 방법 How to make

1 볼에 닭고기 안심살을 넣고 우유를 부운 후 10분 정도 재우고 흐르는 물에 씻어 물기를 제거해요. 먹기 좋은 크기로 자른 후 생강즙, 소금, 후춧가루를 뿌려 밑간해요. 밑간한 닭고기는 볼에 달걀흰자, 녹말 4큰술과 함께 넣고 잘 섞어요.
2 레몬은 굵은 소금으로 표면을 박박 문질러 깨끗이 씻은 후 얇게 슬라이스 해 5조각을 준비하고 남은 과육은 즙을 짜 4큰술을 준비해요.
3 달군 팬에 2의 레몬즙과 슬라이스 한 레몬, 그리고 설탕, 간장, 물 4큰술을 넣고 끓여요. 그릇에 녹말 2큰술, 물 2큰술을 섞어 녹말물을 만든 후 팬에 넣고 끓여 레몬소스를 완성해요.
4 냄비에 식용유를 넉넉히 붓고 기름 온도가 180도가 되면 1의 반죽한 닭고기를 두 번 튀겨 식감을 바삭하게 해요.
5 접시에 잘 익은 닭튀김을 담고 그 위에 레몬소스를 뿌려 완성해요.

1

2

3

4

5

TIP
녹말물은 녹말과 물을 1:1 비율로 섞어 만들어요.

동파육

동파육은 삼겹살을 간장에 조린 요리로, 중국 음식 중 가장 대표적인 요리예요.
중국을 대표하는 시인이자 문학가인 소동파가 처음 만들어 즐겨 먹었다고 알려져 있어요.
한입 먹으면 삼겹살의 육즙을 입안 가득 느낄 수 있습니다.

2
인분

재료 Ingredients

통삼겹살(수육용) 500g
청경채 150g
쪽파 15g
마늘 10쪽
대파 2대
월계수 잎 2장
양파 1/2개
통후추 1/2큰술
소금 1/2큰술

조림장

마늘 5쪽
마른 고추 1개
물 1/4컵
간장 4큰술
설탕 1큰술
올리고당 1큰술
맛술 1큰술

만드는 방법 How to make

1 달군 팬에 통삼겹살을 올려 중불에서 겉면만 노릇하게 구워요.
2 1의 팬에 대파, 양파, 마늘, 월계수 잎, 통후추를 넣고 물을 넉넉히 부은 후 통삼겹살이 푹 익을 때까지 약 40분 동안 삶아요.
3 청경채는 2등분해 끓는 물에 소금과 함께 넣고 살짝 데쳐 찬물로 헹군 후 물기를 제거해요. 쪽파는 송송 썰어요.
4 다 삶아진 통삼겹살은 건져낸 후 냄비에 조림장 재료와 함께 넣고 소스가 반으로 졸 때까지 끓여요.
5 통삼겹살은 먹기 좋은 두께로 썬 후 접시에 가지런히 놓고 그 옆에 청경채를 놓아요. 조림장을 뿌린 후 쪽파를 뿌려 완성해요.

1

2

3

4

5

연어스테이크

연어는 고단백질 저칼로리 재료이기 때문에 여성들이 많이 좋아해요.
날것 그대로 샐러드로 만들어도 좋고 살짝 구워 스테이크로 만들어도 맛있어요.
연어를 구울 때는 단시간에 빨리 구워야 살이 단단해지지 않아요.

2 인분

재료 Ingredients

연어 300g
로즈마리 10g
오이피클 5개
레몬 1개
양파 1/4개
마요네즈 3큰술
올리브오일 2큰술
올리고당 1큰술
허브솔트 1/4큰술
굵은 소금 약간
소금 약간
후춧가루 약간

만드는 방법 How to make

1 오븐용 용기에 손질된 연어를 넣고 허브솔트, 후춧가루, 올리브오일, 로즈마리 잎을 뿌려 30분 정도 재워요.
2 레몬은 굵은 소금으로 표면을 박박 문질러 깨끗이 씻은 후 2등분하여 하나를 얇게 슬라이스 해요. 나머지 하나는 껍질을 강판에 갈아 레몬제스트 1큰술 분량을 만들고 과육은 과즙을 내 레몬즙 1큰술 분량을 만들어요. 슬라이스 한 레몬을 1 위에 올려요.
3 오이피클과 양파는 잘게 다지고, 양파는 얼음물에 담가 아린 맛을 뺀 후 물기를 제거해요.
4 그릇에 오이피클과 양파, 2의 레몬즙과 레몬제스트, 마요네즈, 올리고당, 소금, 후춧가루를 넣고 잘 섞어 소스를 만들어요.
5 2의 연어는 180도로 예열한 오븐에 넣고 15분 정도 구워요. 연어스테이크에 소스를 곁들여 완성해요.

1

2

3

4

5

TIP
오븐이 없는 경우에는 달군 그릴 팬에서 약불로 구워요.

밀푀유나베

각종 재료를 겹겹이 담아 만드는 밀푀유나베는 색색의 재료들이 잘 어우러져
보기에 좋아요. 여럿이서 둘러앉아 도란도란 이야기를 나눌 때
밀푀유나베의 뜨끈한 국물이 있으면 분위기가 더욱 따뜻해집니다.

재료 Ingredients

소고기(불고기용) 400g
깻잎 20장
알배기 배추 1통
숙주 2줌
팽이버섯 1줌
표고버섯 2개
국간장 2큰술

육수
무 100g
멸치 1/2줌
건새우 1/2줌
다시마(5×5cm) 2장
물 3컵

쯔유소스
청양고추 1개
홍고추 1개
쯔유 10큰술

칠리소스
청양고추 1개
스위트칠리소스 10큰술
다진 마늘 1/2큰술

만드는 방법 How to make

1 냄비에 육수 재료를 넣고 30분 이상 끓여 육수를 만들어요.
2 청양고추와 홍고추는 잘게 다진 후 각 소스 재료들과 잘 섞어 쯔유소스와 칠리소스를 만들어요.
3 깻잎은 잘 씻은 후 꼭지를 자르고, 표고버섯은 갓에 십자 모양을 내요. 팽이버섯은 밑동을 자르고, 알배기 배추는 흐르는 물에 씻은 후 밑동을 잘라요.
4 알배기 배추 1장, 깻잎 2장, 소고기 순서로 4번 반복해서 쌓은 후 가로로 3등분해요.
5 숙주를 깨끗이 씻은 후 냄비에 깔고 그 위에 4를 냄비 바깥쪽부터 안쪽으로 원을 그려가며 가지런히 놓은 후 가운데에 표고버섯과 팽이버섯을 넣어요. 1의 육수를 붓고 국간장을 넣어 간을 한 후 고기와 채소들이 다 익을 때까지 끓여 완성해요. 소스를 곁들여 내요.

1

2

3

4

5

2
인분

아스파라거스베이컨말이

아스파라거스베이컨말이는 만드는 방법이 의외로 간단해요.
파티 날 핑거푸드로 즐기기에 아주 좋아요.

재료 Ingredients

아스파라거스 6개
베이컨 6장
버터 1큰술
올리브오일 1큰술
후춧가루 약간

만드는 방법 How to make

1 아스파라거스는 깨끗이 씻은 후 물기를 제거해요.
2 아스파라거스에 베이컨을 돌돌 말아요.
3 달군 팬에 버터와 올리브오일을 두른 후 2의 아스파라거스를 넣고 후춧가루로 살짝 간을 한 후 중불에서 노릇해질 때까지 구워요.

1

2

3

$\dfrac{3}{\text{인분}}$

로스트치킨

닭고기를 통째로 오븐에 구운 로스트치킨은 고급스러운 닭 요리 중 하나에요.
바삭한 껍질과 담백한 속살이 매력적이라 계속해서 손이 가는 음식이에요.
맥주와 함께 즐기면 친근한 분위기를, 와인과 함께 즐기면 우아한 분위기를 연출할 수 있어요.

재료 Ingredients

- 닭고기 1마리
- 송이버섯 200g
- 버터 100g
- 샐러리 잎 20g
- 로즈마리 10g
- 양송이버섯 5개
- 감자 3개
- 양파 2개
- 당근 2개
- 레몬 1개
- 월계수 잎 3장
- 마늘 6쪽
- 통후추 1/2큰술
- 올리브오일 적당량
- 소금 약간
- 후춧가루 약간

만드는 방법 How to make

1 닭고기는 내장을 제거한 후 겉과 속을 깨끗이 씻고, 닭 날개 끝마디와 꽁지 부분을 자른 후 소금과 후춧가루를 뿌려 하루 정도 재워요.
2 마늘은 깨끗이 씻고, 양송이버섯은 2등분하고, 양파와 감자는 4등분하고, 당근은 한입 크기로 썰고, 레몬은 슬라이스 해요. 달군 팬에 올리브오일을 두르고 손질한 채소들을 넣고 노릇해질 때까지 중불에서 구워요.
3 1의 닭고기 몸속에 샐러리 잎, 통후추, 버터, 로즈마리, 월계수 잎을 넣고 한쪽 다리에 칼집을 내어 다른 한쪽 다리를 칼집이 난 곳으로 넣어 ×자 모양으로 끼워요.
4 달군 팬에 올리브오일을 두르고 3의 닭고기를 넣은 후 중불에서 닭고기의 앞면과 뒷면을 노릇하게 구워요.
5 오븐용 용기에 2의 재료와 4의 닭을 담고 호일로 감싼 후 200도로 예열한 오븐에서 25분 동안 익혀요.
6 용기를 꺼내 은박지를 벗기고 오븐에서 30분 동안 더 구워 완성해요.

1

2

3

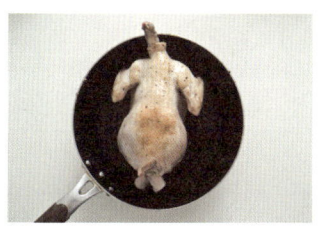

4

5

6

갈릭새우버터구이

누구에게나 사랑받는 새우를 버터로 구어 내면
고소함을 한껏 느낄 수 있어 파티 요리로 아주 좋아요.
파티뿐 아니라 늦은 밤 야식으로도 좋아요.

2
―
인분

재료 Ingredients

새우 12마리
파슬리 가루 약간
소금 약간
후춧가루 약간

갈릭버터소스
버터 4큰술
다진 마늘 2큰술
설탕 1큰술
파슬리 가루 약간
소금 약간
후춧가루 약간

만드는 방법 How to make

1 새우는 수염과 머리의 뾰족한 뿔 부분, 꼬리의 물총 부분, 그리고 내장과 몸통의 껍질을 제거한 후 깨끗이 씻어 물기를 제거해요.
2 새우는 등을 반으로 갈라 넓게 편 후 소금, 후춧가루를 뿌려 밑간을 해요.
3 그릇에 갈릭버터소스 재료를 넣고 잘 섞어요. 이때 버터는 실온에서 녹인 후 사용하세요.
4 오븐용 용기에 새우를 가지런히 놓은 후 몸통 부분에 갈릭버터소스를 발라요. 그 위에 파슬리 가루를 뿌린 후 180도로 예열된 오븐에서 15분 동안 구워요.

1

2

3

4

Recipe

7

사 게 절
식 탁 결 을
지 켜 주 는

홈메이드 저장식

신선한 재철 재료를 이용해 만든 저장식은 오래 보관할 수 있어요. 알록달록한 과일과 채소의 색이 살아 있기 때문에 투명 용기에 담아 보관하면 인테리어 소품으로도 활용할 수 있어요. 반찬이 없을 때, 소스가 부족할 때, 상큼한 음료가 먹고 싶을 때 저장식만 있으면 간단히 해결할 수 있습니다. 시간이 날 때 저장식을 만들어두고 주방에 예쁘게 보관했다가 요리에 마음껏 활용해보세요.

> INTRO

맛있게 저장하고 예쁘게 보관하기

유리 용기 소독하기

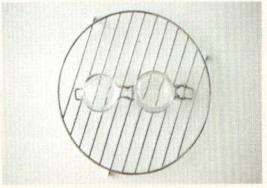

저장식은 팔팔 끓여 용기에 바로 붓기 때문에 유리 재질의 용기를 사용하는 것이 좋아요. 뚜껑도 밀폐가 잘 되어야 제대로 숙성되고 보관 기간도 늘어나요. 가장 안전한 소독법으로는 열탕 소독법이 있어요.

1 유리병을 깨끗하게 세척한 후 냄비에 넣고 용기가 잠길 정도로 찬물을 넣어 중불에서 끓여요. 유리는 온도 변화에 민감하니 찬물에 넣고 서서히 소독해야 해요.

2 물이 끓기 시작하면 약불로 줄인 후 10분간 더 끓여요. 집게로 유리병을 굴려 골고루 소독할 수 있도록 해요.

3 집게로 병을 건진 후 엎어두어 완전히 건조시켜요.

보관법

저장식뿐만 아니라 월계수 잎, 파스타 면, 조미료, 견과류 등을 유리 용기에 담아 보관하면 한눈에 내용물이 보여 정리하기에 좋아요. 특히 견과류는 불포화지방산이 풍부해 실온에 보관하게 되면 곰팡이가 생겨 발암물질로 변할 가능성이 있어요. 공기에 닿으면 쉽게 산패되기 때문에 유리 밀폐용기에 담아 냉장보관해주세요.

과일청과 피클 등을 유리 용기에 보관하면 어떤 저장식을 담았는지
한눈에 볼 수 있어 사용하기에도 편리하고 플라스틱 용기보다 위생적이에요.
색색의 저장식을 유리 용기에 담아 주방에 잘 정리해두면 인테리어 효과도 있어요.
보르미올리, 메이슨 자 등과 같은 예쁜 유리 용기는 화병, 조명 등의 소품으로도 사용해요.

활용법

만드는 과정은 비슷하지만 완성된 모양에 따라 저장식의 종류는 다양하게 나눌 수 있습니다. 잼, 마멀레이드, 콩포트는 식빵이나 쿠키를 찍어 먹기 좋아요. 샌드위치에 발라 활용할 수도 있어요. 핫케이크, 프렌치토스트, 아이스크림과 곁들이거나 플레인 요구르트에 섞어 먹어도 좋아요. 페스토 역시 빵에 곁들이기 좋으며 파스타, 생선, 고기 요리 등의 소스로도 활용할 수 있어요. 장아찌, 피클 등의 절임 요리는 반찬으로 좋습니다. 청은 여름에는 시원한 탄산수와 섞어 에이드로, 겨울에는 따뜻한 물에 섞어 차로 마셔보세요.

잼 과일이나 채소를 설탕에 졸여 만드는 요리로 저장식의 가장 대표적인 요리예요.
마멀레이드 잼과 비슷하지만 감귤류 과일을 설탕에 졸여 만드는 요리를 말해요.
콩포트 과일을 설탕에 천천히 졸여 만드는 요리로 잼과 다르게 과육이 살아 있는 게 특징입니다.
페스토 가열하지 않은 이탈리아 대표 소스예요. 바질이 주재료이지만 요즘에는 깻잎 등 다양한 재료로 페스토를 만들어요.
청 과일을 설탕에 절여 맛과 향을 우러나게 한 요리로 설탕이 완전히 녹아 과당이 되면 사용해요.
피클 파스타, 피자 등 이탈리아 요리와 곁들여 먹는 피클은 채소와 과일을 식초물에 절이는 요리예요.
장아찌 채소를 간장, 식초, 고추장 등에 졸이는 요리로 보관 기간이 아주 길어 밑반찬으로 많이 활용해요.

무화과콩포트

8~11월이 제철인 무화과를 이용해 여름에서 가을로 넘어갈 때
콩포트로 만들어 아이스크림에 올려보세요. 늦더위를 식히기에 아주 좋습니다.

재료 Ingredients

건무화과 10개
레드와인 1/2컵
설탕 1큰술
시나몬파우더 1/4큰술

만드는 방법 How to make

1 건무화과는 2등분해요.
2 냄비에 건무화과와 레드와인, 설탕, 시나몬파우더를 넣고 강불에서 끓여요.
3 와인이 끓어오르면 중약불로 줄이고 5분 정도 더 끓여요.
4 완성된 무화과콩포트를 저장용기에 담고 식으면 뚜껑을 닫아 냉장 보관해요.

블루베리콩포트

눈에 좋은 블루베리는 각종 질병 예방 효과가 있어 슈퍼 푸드로 유명해요.
그래서인지 건강식품의 주요 재료로도 많이 이용되고 있어요.
이런 블루베리를 이용해 몸에 좋은 콩포트를 만들어보세요.

재료 Ingredients

블루베리 100g
설탕 50g
레몬즙 1큰술

만드는 방법 How to make

1 냄비에 블루베리와 설탕, 레몬즙을 넣어요.
2 과육이 으깨지지 않도록 살살 저으면서 중불에서 10분 정도 끓여요.
3 완성된 블루베리콩포트를 저장용기에 담은 후 식으면 뚜껑을 닫아 냉장 보관해요.

1

2

3

TIP
블루베리와 설탕은 2:1 비율이 좋아요.

파인애플잼

잼은 식빵을 통째로 먹을 때 아주 좋은 요리예요.
파인애플은 달콤한 맛에 뒤지지 않는 훌륭한 영양소를 많이 가지고 있어요.
피로 회복 및 소화 작용에도 좋은 건강 식재료입니다.

재료 Ingredients

파인애플 120g
설탕 40g
레몬즙 1큰술

만드는 방법 How to make

1 파인애플은 믹서에 넣고 과육이 살짝 살아 있을 정도로 갈아요.
2 냄비에 파인애플과 설탕, 레몬즙을 넣어요.
3 살살 저어가며 걸쭉해질 때까지 중불에서 끓인 후 한소끔 식혀요.
4 저장용기에 담아 냉장 보관해요.

TIP
파인애플과 설탕은 3:1 비율이 좋아요. 강불에서 졸이면 아주 진한 노란색의 파인애플잼을 만들 수 있어요.

토마토잼

토마토에는 영양소가 가득해요.
특히 비타민 C는 하루 권장 섭취량의 절반이 토마토 1개에 포함되어 있을 정도에요.
영양 만점인 토마토를 잼으로 만들어 사계절을 즐겨보세요.

재료 Ingredients

토마토 400g
설탕 100g

만드는 방법 How to make

1 토마토는 깨끗이 씻은 후 꼭지를 떼고 십자 모양으로 칼집을 내어요.
2 끓는 물에 토마토를 넣고 살짝 데친 후 찬물에 헹구어 껍질을 제거해요.
3 토마토를 잘게 다져요.
4 냄비에 토마토와 설탕을 넣고 강불에서 5분 정도 끓이다 중불로 줄여 걸쭉해 질 때까지 졸여요.
5 뜨거운 상태에서 저장용기에 담은 후 식혀 냉장 보관해요.

1

2

3

4

5

TIP
토마토와 설탕은 4:1 비율이 좋아요.

오렌지마멀레이드

상큼한 오렌지마멀레이드를 만들어 쿠키에 찍어 먹어보세요.
고소한 쿠키를 더욱 맛있게 즐길 수 있어요.
아이들 간식으로도 아주 좋습니다.

재료 Ingredients

오렌지 300g
설탕 150g
베이킹소다 3큰술
굵은 소금 약간

만드는 방법 How to make

1 물에 베이킹소다를 풀고 오렌지를 30분 정도 담근 후 굵은 소금으로 박박 문질러 표면을 깨끗이 씻고 물기를 제거해요.
2 오렌지는 껍질을 벗겨낸 후 끓는 물에 살짝 데쳐 흰 부분을 제거해요. 벗겨낸 껍질은 잘게 채를 썰어요.
3 오렌지 과육은 믹서에 갈아요.
4 냄비에 **3**의 과육, **2**의 껍질과 설탕을 넣고 강불에서 5분 정도 끓여요.
5 중불로 줄인 후 걸쭉해질 때까지 졸여요. 뜨거운 상태에서 저장용기에 담은 후 식혀서 냉장 보관해요.

1

2

3

4

TIP
오렌지를 끓일 때 나오는 거품을 수저로 건져내면 더욱 깔끔한 맛의 오렌지마멀레이드가 완성됩니다.

라임청

자일로스 설탕으로 라임청을 만들면 당분 함량이 낮아 건강하게 즐길 수 있어요.
탄산수에 라임청을 넣고 애플민트를 곁들이면 맛있는 라임에이드가 됩니다.

재료 Ingredients

라임 400g
자일로스 설탕
(또는 일반 설탕) 400g
베이킹소다 3큰술
굵은 소금 약간

만드는 방법 How to make

1 굵은 소금으로 라임 표면을 박박 문질러 씻고 끓는 물에 라임을 넣고 20초 정도 데친 후 꺼내요.
2 물에 베이킹소다를 푼 후 라임을 30분 정도 담갔다 꺼내고 깨끗이 씻은 후 물기를 완전히 제거해요.
3 라임을 얇게 슬라이스 해요.
4 볼에 라임과 설탕 300g을 넣고 잘 섞어요.
5 저장용기에 **4**를 넣고 그 위에 설탕 100g을 올린 후 뚜껑을 닫아요. 실온에 두고 반나절 정도 보관하여 설탕이 모두 녹으면 냉장고에 넣고 3일 정도 숙성시켜 완성해요.

1

2

3

4

5

자몽청

자몽은 지방을 분해하는 효과가 있어 다이어트 식품으로 널리 알려져 있어요.
시큼하면서도 많이 달지 않은 맛이 매력적이에요.
청으로 만들어 차로 즐겨보세요.

재료 Ingredients

자몽 800g
설탕 400g
베이킹소다 3큰술
굵은 소금 약간

만드는 방법 How to make

1 물에 베이킹소다를 풀고 자몽을 30분 정도 담근 후 굵은 소금으로 표면을 박박 문질러 씻어요. 다시 물로 깨끗이 씻은 후 물기를 제거해요.
2 자몽을 얇게 슬라이스 해요.
3 볼에 자몽과 설탕 300g을 넣고 잘 섞어요.
4 저장용기에 3을 담은 후 설탕 100g을 올리고 뚜껑을 닫아요. 실온에 두고 반나절 정도 보관한 후 냉장고에 넣고 일주일 정도 숙성시켜 완성해요.

1

2

3

4

TIP
자몽청은 따뜻한 물에 넣으면 향이 좋은 자몽차로, 시원한 탄산수에 넣으면 자몽에이드가 돼요.

무양파장아찌

장아찌는 오래 두고 먹을 수 있어 밑반찬으로 빠질 수 없는 요리예요.
무와 양파의 아삭한 식감이 그대로 살아 있는 무양파장아찌를 만들어보세요.

재료 Ingredients

무 400g
양파 2개
청양고추 2개

소스
간장 1컵
설탕 1컵
물 1/2컵
식초 1/2컵

만드는 방법 How to make

1 양파와 무는 먹기 좋은 크기로 썰고, 청양고추는 송송 썰어요.
2 냄비에 소스 재료를 넣은 후 팔팔 끓여요.
3 저장용기에 **1**의 채소를 넣고 **2**의 소스가 뜨거울 때 바로 부어요. 실온에 하루 정도 둔 후 냉장고에 넣고 일주일 정도 숙성시켜 완성해요.

1

2

3

꽈리고추장아찌

여름이 제철인 꽈리고추는 표면이 쭈글쭈글한 고추로 볶음이나 조림 요리에 많이 사용해요.
꽈리고추로 장아찌를 만들어 올리면 식탁이 더욱 풍성해져요.

재료 Ingredients

꽈리고추 200g
간장 1컵
식초 1/2컵
설탕 1/2컵
청주 1/2컵

만드는 방법 How to make

1 꽈리고추는 깨끗이 씻은 후 물기를 완전히 제거하고 꼭지는 짧게 자르고 양념이 잘 밸 수 있도록 고추 끝을 조금 잘라 구멍을 만들어요.
2 냄비에 간장, 식초, 설탕, 청주를 넣고 한소끔 끓여요.
3 밀폐용기에 꽈리고추를 담고 **2**의 간장소스를 뜨거울 때 바로 부어요. 실온에 반나절 정도 둔 후 10일 정도 냉장고에 넣어 숙성시켜 완성해요.

1

2

3

"제철 식재료로 만든 저장식을 예쁘게 담아 주방에 보관하면
알록달록한 색감이 주방을 화사하게 만들어줘요."

방울양배추피클

귀여운 방울양배추는 크기가 작지만 효능은 일반 양배추 못지않아요.
암과 심장병 예방 효과가 있는 파이토뉴크리먼트와 글루코시놀레이트 성분이 많이 들어 있어요.
맛도 고소해 꼭지와 겉잎만 제거하고 과일처럼 먹어도 좋아요.

재료 Ingredients

방울양배추 20개
페페론치노 3개
월계수 잎 1장
물 2컵
식초 1컵
설탕 1컵
소금 1/2큰술
피클링스파이스 1/2큰술

만드는 방법 How to make

1 냄비에 물, 식초, 설탕, 소금, 피클링스파이스, 월계수 잎을 넣고 강불에서 5분 정도 끓인 후 건더기를 건지고 식혀요.
2 방울양배추는 꼭지를 잘라내고 겉잎을 벗긴 후 흐르는 물에 깨끗이 씻고 물기를 제거해요.
3 방울양배추는 2등분해요.
4 저장용기에 방울양배추와 페페론치노, 그리고 1의 피클 물을 넣어요. 냉장고에 넣어 4~5일 정도 냉장 보관한 후 피클 물만 냄비에 따라내고 끓여요. 끓인 피클 물을 식힌 후 다시 저장용기에 부어요.

TIP
방울양배추피클은 스테이크와 같은 육류 요리에 곁들이면 좋아요.

유자연근피클

연근은 면역력을 높이는 데에 많은 도움이 되지만 의외로 연근을 싫어하는 사람들이 많아요.
그럴 때는 유자와 함께 피클로 만들어보세요.
아삭한 연근과 상큼한 유자가 아주 잘 어울려요.

재료 Ingredients

연근 300g
물 3컵
식초 1컵
유자청 4큰술
설탕 1큰술
소금 1/2큰술

만드는 방법 How to make

1 연근은 깨끗이 씻은 후 껍질을 벗기고 얇게 슬라이스 해요.
2 냄비에 물, 식초, 유자청, 설탕, 소금을 넣고 한소끔 끓여낸 후 식혀요.
3 저장용기에 **1**의 연근과 **2**의 피클 물을 넣어요. 반나절 동안 실온에서 보관한 후 냉장고에 넣어요. 일주일 동안 냉장 보관한 후 피클 물만 냄비에 따라내고 끓여요. 끓인 피클 물을 식힌 후 다시 저장용기에 부어요.

1

2

3

TIP

깨끗이 씻은 유자는 껍질과 과육을 분리한 후 각각 잘게 채를 썰어요. 저장용기에 유자와 설탕을 켜켜이 담은 후 뚜껑을 덮어 밀봉하면 유자청이 완성돼요. 이때 유자와 설탕의 비율은 1:1로 해요.

깻잎페스토

바질보다 구하기 쉬운 재료인 깻잎으로 페스토를 만들어보세요.
바질과는 색다른 맛과 향의 페스토가 완성돼요.

재료 Ingredients

깻잎 200g
아몬드 45g
파르메산 치즈 15g
올리브오일 10큰술
다진 마늘 1/2큰술
소금 약간
후춧가루 약간

만드는 방법 How to make

1 깻잎은 흐르는 물에 씻은 후 물기를 제거해요.
2 믹서에 깻잎, 아몬드, 파르메산 치즈, 올리브오일, 다진 마늘, 소금, 후춧가루를 넣고 곱게 갈아요.
3 저장용기에 담아요.

1

2

3

바질페스토

주말 브런치 요리를 책임지는 바질페스토는 활용도가 아주 높아요.
빵에 찍어 먹거나 샌드위치에 발라 먹을 수도 있고 파스타 소스로도 사용할 수 있어요.

재료 Ingredients

바질 200g
잣 30g
파르메산 치즈 15g
올리브오일 10큰술
다진 마늘 1/2큰술
소금 약간
후춧가루 약간

만드는 방법 How to make

1 바질은 흐르는 물에 깨끗이 씻은 후 물기를 제거해요.
2 믹서에 바질, 잣, 파르메산 치즈, 올리브오일, 다진 마늘, 소금, 후춧가루를 넣고 곱게 갈아요.
3 저장용기에 담아요.

1

2

3

INDEX

ㄱ

갈릭새우버터구이 254
갈비찜 226
감바스알아히요 230
건새우볶음 108
게살수프 188
고구마닭간장조림 116
고구마밥 40
고등어조림 112
굴라시 184
그릭샐러드 180
그린샐러드 176
김치브리또 212
깻잎페스토 286
꽃게탕 54
꽈리고추감자조림 78
꽈리고추장아찌 278

ㄴ

냉메밀국수 158

ㄷ

닭 육수 29
동파육 242
돼지고기생강구이 80
두부오이냉채 96
두부조림 84
뚝배기불고기 70

ㄹ

라임청 272
레몬소스닭고기튀김 240
로스트치킨 252

ㅁ

맥앤치즈 174
멕시칸샐러드 170
멸치다시마 육수 28
모둠버섯밥 30
무양파장아찌 276
무화과콩포트 260
묵은지김치찜 72
미트로프 238
밀푀유나베 246

ㅂ

바지락수제비 58
바질페스토 288
방울양배추피클 282
방울토마토마리네이드 204
버섯들깨매운탕 50
버섯전 100
불고기파스타샐러드 178
블루베리콩포트 262
비프버거 236

ㅅ

상추겉절이 86
새우부추전 106
새우타코 210
새우푸실리샐러드 164
샐러드우동 142
소고기가지구이냉채 82
소고기가지밥 42
소고기무밥 36
소고기버섯국 52
소고기약고추장 94
소고기장조림 102
수육전골 66

순두부굴전골 62
스페니시오믈렛 196
시금치버섯오믈렛 216
시금치페스토파스타 132
시래기밥 44

ⓞ
아보카도토마토토스트 166
아스파라거스베이컨말이 250
알감자버터구이 214
애호박두부새우젓국 48
야키소바 152
양지머리사태 육수 28
에그베네딕트 208
연근조림 118
연어스테이크 244
연어오차즈케 138
오렌지마멀레이드 268
오삼불고기 92
오야코동 154
오징어샐러드 202
오징어채볶음 104
오징어콩나물국 60
오코노미야키 140
유자연근피클 284
육개장 64
이탈리아파스타샐러드 234

ⓩ
자몽청 274

ⓩ
차돌박이된장찌개 46
차돌박이부추샐러드 68

참치마요주먹밥 34
치킨가라아게 114

ⓚ
카오팟 무 146
코울슬로 168
코코뱅 228
콩나물비빔국수 156
크랜베리아몬드멸치볶음 98
크랜베리참치샌드위치 220
크림달래리소토 128
클램차우더 186

ⓣ
토마토브루스케타 200
토마토소스미트볼 134
토마토잼 266

ⓟ
파인애플볶음밥 124
파인애플잼 264
팟타이 144
표고버섯 육수 29

ⓗ
해물솥밥 32
해물쌈장 88
해산물토마토리소토 130
해산물파에야 148
호두아몬드프렌치토스트 206
홀랜다이즈소스 208
홍합스튜 190

요리하기 좋은 날, **오늘의 요리**

펴낸날 초판 1쇄 2016년 2월 1일 ｜ 초판 2쇄 2016년 2월 25일

지은이 홍서우

펴낸이 임호준
이사 홍헌표
편집장 김소중
책임 편집 윤혜민 ｜ **편집 3팀** 김은정
디자인 왕윤경 김효숙 정윤경 ｜ **마케팅** 강진수 임한호 김혜민
경영지원 나은혜 박석호 ｜ **e-비즈** 표형원 이용직 김준홍 류현정 차상은

인쇄 (주)웰컴피앤피

펴낸곳 비타북스 ｜ **발행처** (주)헬스조선 ｜ **출판등록** 제2-4324호 2006년 1월 12일
주소 서울특별시 중구 세종대로 21길 30 ｜ **전화** (02) 724-7633 ｜ **팩스** (02) 722-9339
홈페이지 www.vita-books.co.kr ｜ **블로그** blog.naver.com/vita_books ｜ **페이스북** www.facebook.com/vitabooks

ⓒ 홍서우, 2016

이 책은 저작권법에 따라 보호를 받는 저작물이므로 무단 전재와 무단 복제를 금지하며,
이 책 내용의 전부 또는 일부를 이용하려면 반드시 저작권자와 (주)헬스조선의 서면 동의를 받아야 합니다.
책값은 뒤표지에 있습니다. 잘못된 책은 바꾸어 드립니다.

ISBN 979-11-5846-050-1   13590

- 이 도서의 국립중앙도서관 출판예정도서목록(CIP)은 서지정보유통지원시스템 홈페이지(http://seoji.nl.go.kr)와
  국가자료공동목록시스템(http://www.nl.go.kr/kolisnet)에서 이용하실 수 있습니다. (CIP제어번호: CIP2016000474)

- 비타북스는 독자 여러분의 책에 대한 아이디어와 원고 투고를 기다리고 있습니다.
  책 출간을 원하시는 분은 이메일 vbook@chosun.com으로 간단한 개요와 취지, 연락처 등을 보내주세요.

  비타북스는 건강한 몸과 아름다운 삶을 생각하는 (주)헬스조선의 출판 브랜드입니다.